叔本华箴言录

Shubenhua Zhenyanlu

鲍金海

/编写

吉林出版集团股份有限公司

吉林教育出版社

图书在版编目(CIP)数据

叔本华箴言录 / 鲍金海编写. — 长春：吉林教育
出版社，2012.6（2022.10重印）
（和谐校园文化建设读本）
ISBN 978-7-5383-8771-1

Ⅰ.①叔… Ⅱ.①鲍… Ⅲ.①叔本华，
A.（1788～1860）—箴言—青年读物②叔本华，
A.（1788～1860）—箴言—少年读物 Ⅳ.①B516.41-49

中国版本图书馆 CIP 数据核字（2012）第 116023 号

叔本华箴言录

SHUBENHUA ZHENYAN LU

鲍金海　编写

策划编辑 刘　军　　潘宏竹		
责任编辑 尹曾花	**装帧设计**	王洪义

出版 吉林出版集团股份有限公司（长春市福祉大路5788号　邮编　130118）

吉林教育出版社（长春市同志街 1991 号　邮编 130021）

发行 吉林教育出版社

印刷 北京一鑫印务有限责任公司

开本 710 毫米×1000 毫米　1/16	**印张** 12	**字数** 152千字
版次 2012 年 6 月第 1 版	**印次** 2022年10月第3次印刷	

书号 ISBN 978-7-5383-8771-1

定价 39.80元

编　委　会

主　　编：王世斌

执行主编：王保华

编委会成员：尹英俊　尹曾花　付晓霞

　　　　　　刘　军　刘桂琴　刘　静

　　　　　　张　瑜　庞　博　姜　磊

　　　　　　潘宏竹

　　　　　　（按姓氏笔画排序）

总 序

千秋基业，教育为本；源浚流畅，本固枝荣。

什么是校园文化？所谓"文化"是人类所创造的精神财富的总和，如文学、艺术、教育、科学等。而"校园文化"是人类所创造的一切精神财富在校园中的集中体现。"和谐校园文化建设"，贵在和谐，重在建设。

建设和谐的校园文化，就是要改变僵化死板的教学模式，要引导学生走出教室，走进自然，了解社会，感悟人生，逐步读懂人生、自然、社会这三本大书。

深化教育改革，加快教育发展，构建和谐校园文化，"路漫漫其修远兮"，奋斗正未有穷期。和谐校园文化建设的研究课题重大，意义重要，内涵丰富，是教育工作的一个永恒主题。和谐校园文化建设的实施方向正确，重点突出，是教育思想的根本转变和教育运行机制的全面更新。

我们出版的这套《和谐校园文化建设读本》，既有理论上的阐释，又有实践中的总结；既有学科领域的有益探索，又有教学管理方面的经验提炼；既有声情并茂的童年感悟；又有惟妙惟肖的机智幽默；既有古代哲人的至理名言，又有现代大师的谆谆教诲；既有自然科学各个领域的有趣知识；又有社会科学各个方面的启迪与感悟。笔触所及，涵盖了家庭教育、学校教育和社会教育的各个侧面以及教育教学工作的各个环节，全书立意深邃，观念新异，内容翔实，切合实际。

我们深信：广大中小学师生经过不平凡的奋斗历程，必将沐浴着时代的春风，吸吮着改革的甘露，认真地总结过去，正确地审视现在，科学地规划未来，以崭新的姿态向和谐校园文化建设的更高目标迈进。

让和谐校园文化之花灿然怒放！

本书编委会

目 录

第一部分　人生篇 ·· 001

　一、人生 ·· 001

　二、悲欢 ·· 013

　三、自我 ·· 014

　四、他人 ·· 017

　五、命运 ·· 021

　六、旅程 ·· 023

　七、困惑 ·· 026

　八、人的本性 ·· 029

　九、存在得失 ·· 037

　十、超越生命 ·· 040

第二部分　精神篇 ·· 041

　一、心灵 ·· 041

　二、品德 ·· 044

　三、名誉 ·· 049

　四、个性 ·· 055

五、价值 ………………………………………… 059

六、智慧 ………………………………………… 061

七、天才 ………………………………………… 062

八、伟人 ………………………………………… 071

九、人格 ………………………………………… 073

十、道德本能 …………………………………… 075

十一、自由意志 ………………………………… 076

十二、伦理反思 ………………………………… 079

第三部分　求索篇 …………………………… 085

一、科学 ………………………………………… 085

二、真理 ………………………………………… 086

三、哲学 ………………………………………… 087

四、理性 ………………………………………… 090

五、历史 ………………………………………… 092

六、意志 ………………………………………… 093

七、谬误 ………………………………………… 097

八、思考 ………………………………………… 098

九、读书 ………………………………………… 101

十、自由 ………………………………………… 105

十一、辩艺 ……………………………………… 107

十二、认识 ……………………………………… 117

第四部分　文艺篇 ·· 119

　　一、文学 ·· 119

　　二、艺术 ·· 123

　　三、音乐 ·· 126

　　四、审美 ·· 127

　　五、作者 ·· 129

　　六、风格 ·· 134

　　七、批评 ·· 138

　　八、学者 ·· 141

　　九、文学形式 ·· 143

第五部分　科学篇 ·· 148

　　一、比较解剖学 ·· 148

　　二、物理天文学 ·· 152

　　三、伦理学 ·· 154

　　四、语言学 ·· 155

　　五、植物生理学 ·· 156

　　六、动物磁性说 ·· 162

第六部分　其他篇 ·· 164

　　一、幸福 ·· 164

　　二、欲望 ·· 169

　　三、哭与笑 ·· 171

四、年龄 …………………………………………………… 172

五、勇敢 …………………………………………………… 173

六、健康 …………………………………………………… 173

七、权与法 ………………………………………………… 174

八、时间 …………………………………………………… 175

九、杂谈 …………………………………………………… 178

第一部分　人生篇

一、人生

　　人生首先以一个"工作"来表现，那是为保持自己生命的职业。但为了预防"无聊"的来袭，便立刻将所得的东西做适当的处理，又表现第二个工作。人类的第一种工作是取得某种物质，第二种工作则是忘却他的所得。不如此，人生将形成一个重荷。

《生存空虚说》94 页

　　如果我们注视混杂的人生，就会发现人们尽是为穷困和不幸所烦，再不就是充满无穷尽的欲求。

《生存空虚说》154 页

　　人生和梦都是同一本书的页子，依次连贯阅读就叫做现实生活。如果在每次阅读钟点（白天）终了，而休息的时间已到来时，我们也常不经意地随便这儿翻一页，那儿翻一页，没有秩序，也不连贯；（在这样翻阅时）常有已读出、也常有没读过的，不过总是那同一本书。

《作为意志和表象的世界》45 页

　　我们在生活中只有放弃一切不相干的要求，对一切别的东西弃权才能真正严肃地、幸运地追求任何一个一定的企图，不管所追求的是享受，是荣誉，是财富，是科学，是艺术，或是美德。

《作为意志和表象的世界》416—417 页

　　我决不后悔我所欲求过的，但很可能会后悔我所做过的；因为我可能会被错误的概念所诱导而做出了什么与我的意志不相符合的事，而在事后有了较正确的认识时看透这一点，从而感到懊悔。

《作为意志和表象的世界》406 页

　　人在生活的经验中发现了一件法宝，那就是不断的冲突，死时手也握着宝剑，好可笑的人世啊！你们所尊拜的帝王，只不过在荒冢中多埋了几把宝剑！

《人生的智慧》83 页

　　综观个体一生，若只就其最显著的特征来看，通常它是一个悲剧；但若仔细观察其细节，则又带有喜剧的性质。

《爱与生的苦恼》112 页

　　如果我们尽可能地想象一下人生的整个不幸、痛苦与灾难，我们就会承认在太阳的光照下，地球能像月球一样只是一个结晶体，没有生命的现象，那有多好呢？

《人生的智慧》85 页

　　表面的人生，有如粗糙的货品涂上彩饰一般，通常苦恼都被隐藏着。反之，手中若有什么引人侧目的华丽物品，任何人都会拿出来摆弄一番；而人心的满足愈欠缺，愈希望别人认为他是幸福的人。

《爱与生的苦恼》116 页

别忘了：值得做的事情都是难做的事。

《人生的智慧》44 页

虽有大大小小的烦恼充塞每个人的一生，使人生常在不安和动荡中，然而仍不能弥补生活对于填满精神的无能为力，不能弥补人生的空虚和肤浅，也不能拒绝无聊，无聊总是等着去填补忧虑让出来的每一段空隙。

《作为意志和表象的世界》442 页

历史有如万花筒，每当回转时，都让我们看到了新的形状，而实则不论何时，我们所看到的都是相同的东西。

《爱与生的苦恼》165 页

谁要把精神完全贯注在交响乐的印象上，他就好像已看到人生和世界上一切可能的过程都演出在自己的面前；然而，如果他反省一下，却又指不出那些声音的演奏和浮现在他面前的事物之间有任何相似之处。

《作为意志和表象的世界》363 页

世界最伟大、最重要、而且意义最深的现象，并非"世界的征服者"，而是"世界的克服者"。

《爱与生的苦恼》35 页

人类可比之于炊烟、火焰或者瀑布，如果没有从他处而来的流入，立刻就会衰竭、停止。

《生存空虚说》98 页

人的生活最常见的是实际中的生活，正好比最常见的水是池沼河流中的水一样。

《作为意志和表象的世界》349 页

世界上本没有一个人能够有持久的安静。

《作为意志和表象的世界》536 页

人世间是偶然和错误两者的王国，它俩在这王国里毫无情面地既支配着大事，也支配着小事。

《作为意志和表象的世界》444 页

世上有利事也就有其弊，有弊的事亦必有其利。郁悒而充满忧郁个性的人所遭遇和必须克服的困厄苦难多半是想象的，而欢乐又漫不经心的人所遭受的困苦都是实在的；因此凡事往坏处想的人不容易受失望的打击，反之，凡事只见光明一面的人却常常不能如愿。

《人生的智慧》13 页

我们要评断人生的幸福，不是从欢愉与快乐来评断，而是要从它能解脱痛苦的程度来看，也就是从解脱积极的罪恶来看。

《人生的智慧》86 页

生命的幸福与困厄，不在于降临的事情本身是苦是乐，而端视我们如何面对这些事情，我们感受性的强度如何。

《人生的智慧》9 页

我们对别人的基本倾向是羡妒，还是同情，这一点决定了人类的美德和恶德。

《人生的智慧》95 页

任何个别人的生活，如果是整个一般的去看，并且只注重一些最重要的轮廓，那当然总是一个悲剧；但是细察个别情况则又有喜剧的性质。

《作为意志和表象的世界》441—442 页

如果我们既已备悉自己的优点和弱点，我们就不会想炫示自己所没有的力量，不会买空卖空，冒充能手。

《作为意志和表象的世界》419 页

人类个体投进茫茫空间和漫漫时间之中，是以有限之物而存在，与空间和时间的无限相比，几乎等于无。

《爱与生的苦恼》98 页

了解人生的幻灭是最正确的，能做如是之想，则一切问题迎刃而解。

《生存空虚说》96 页

人生存的形式是"不安"。

《生存空虚说》91 页

我们的生存，除了"现在"渐渐消失外，再也没有可供立脚的任何基础。生存的本质是以不断的运动作为形式，我们经常追求的"安静"根本是不可能的。

《生存空虚说》91 页

试想纵使能获得所有种类的满足，那对人们究竟将会形成何种局面呢？不外仍是日月辛劳以维持生存。

《爱与生的苦恼》118 页

若说求生意志只以自我保存的冲动而表现的话，那也仅是肯定个体现象在自然中的刹那存续而已。

《爱与生的苦恼》141 页

肉体既是意志的客体化形式，或具象化的意志，所以只要肉体生存着，即有求生意志的存在，它时时燃起熊熊的烈火，努力地在现象中显露它的姿态。

《爱与生的苦恼》41 页

人类对于生命的强烈执著，是盲目而不合理的。这种强烈的执著充其量只在说明，求生意志就是我们的全部本质。

《爱与生的苦恼》151 页

在动物身上，比在人身上，更能看到赤裸裸的生命意志，因为人是用许多知识包扎起来的，此外又是被伪装的本领掩饰起来的，以至他的真正本质几乎只偶然地问或显露出来。

《爱与生的苦恼》225 页

世界上没有一个东西在它根本的，整个的存在上有一个什么原因，而只有一个它所以恰好在此时此地的原因。

《爱与生的苦恼》201 页

"世界是我的表象"：这是一个真理，是对于任何一个生活着和认识着的生物都有效的真理，不过只有人能够将它纳入反省的、抽象的意识罢了。

《爱与生的苦恼》33 页

自然给我们何种存在形式，我们原该接受那种形式？顺乎自然吧，人决不能超越自然。

《人生的智慧》84 页

一个人的命运自生开始不能改变，只能在已注定的生命活动线上开展自己，我们的生命就像行星一样，在什么样的位置就在什么样的位置。

《人生的智慧》6 页

生命就像在一个题目上，只是发挥不同的内容而已。

《人生的智慧》4 页

各人依身份和财富的不同而扮演不同的角色，但这决不意味大家内在生命的快乐与欢愉有什么差异；我们都是集忧患固厄于一身，可怜兮兮地活到死而已——每个人展示生命内容的原因当然不同，但生命形式的基本性质却是一样的。

《人生的智慧》3 页

在历史上极为重大的一种行为在内在意义上很可能是平凡和庸俗的行为。相反，日常生活中的任何一幕，如果个体的人以及人的行为，人的欲求，直到最隐蔽的细枝末节都能够在这一幕中毫发毕露，也可能有很大的内在意义。

《作为意志和表象的世界》320 页

在生时被立有纪念碑的人，后代都不会相信这种评价。

《人生的智慧》77 页

生长于良好环境里的人通常比凭运气致富的暴发户更为节省和小心盘算未来。

《人生的智慧》34 页

通常我们可以发现并切身了解，体验过困乏和贫穷滋味的人便不再怕困苦，因此他们也比那些家境富裕、仅听说过穷苦的人，更容易流于挥霍的习惯。

《人生的智慧》34 页

一个痴呆的人看不出貌似互不相关而实际上是串通行动的人们，所以他很容易陷入别人布置的疑阵和阴谋。

《作为意志和表象的世界》61 页

一个诗人能够深刻而彻底地认识人，但他对于那些具体的人却认识不够；他是容易受骗的，在狡猾的人们手里他往往是被人作弄的玩具。

《人生的智慧》271 页

当你与人接触时，不论是什么样的人，都不要根据他的价值和尊严对他作客观的评价。

《人生的智慧》94 页

谁能说预防不幸的小心谨慎是过分的呢？只有那知道命运的恶毒何处达到极限的人。

《人生的智慧》99 页

一个人如果能战胜自己，经常能够很清楚地看透事物的整体性，以及与它相关联的一切，这样，他就不会在实际事物中赋予欲望和希望的色彩，为此即可回避痛苦或妄想。

《爱与生的苦恼》106—107 页

我们的生活样式，就像一幅油画；从近看，看不出所以然来，要欣赏它的美，就非站远一点不可。

《生存空虚说》93 页

我们如不为获得某种东西而努力，或是不埋头于学术性的研究，是不能赖以维生的。

《生存空虚说》94 页

人们从别人享受了多少，就要对别人报效多少。

《作为意志和表象的世界》508 页

有机生活的特征是：不绝的需要、经常的匮乏和永无尽期的困穷。

《生存空虚说》92 页

由于有机生活的庇荫，才可能有"意识"——因而，有机生活也是有限的存在。

《生存空虚说》92—93 页

生物愈高等，意志现象愈完全；智力愈发达，烦恼痛苦也就愈显著。如此，欲望、烦恼接踵而来，人生没有任何真正的价值，只是由"需求"和"迷幻"所支使的活动。这种运动一旦停止，生存的绝对荒芜和空虚便表现出来。

《生存空虚说》99 页

人类相互间尽管没有爱心，却能热心相助，即因倦怠之故，这也是社交的起源。

《生存空虚说》101 页

放眼世界，任何时刻，任何地点所目睹的景象，不外是人类面对一切威胁的危险和灾殃，为维护自己的生命和存在鼓起肉体和精神的全力，而不绝地战斗、猛烈力争。

《生存空虚说》98—99 页

生命和存在到底有何价值？我们若能考虑这些，当可发现脱离痛苦生存的若干空隙。但是，这空隙立刻又被无聊和烦恼所袭，为了新的欲求，很快地变得狭隘。

《生存空虚说》99 页

我们所处的世界如何，主要在我们以什么方式来看我们所处的世界。

《人生的智慧》2 页

心知的生活不仅可以防御"厌倦"，还可避免厌倦的诸种恶果；它使我们远离恶友、危险、不幸、损失和浪费，这些都是把幸福全部寄托于外界的人所必然遭受的苦恼。

《人生的智慧》25 页

几乎每个人在日常与他同胞接触时，都希望他人有所不如自己，在政治圈里这种情形更为显著。

《人生的智慧》86 页

生于穷苦的人有着坚定而丰富的信心，他们相信命运，也相信天无绝人之路——相信头脑，也信赖心灵；所以与富人不同，他们不把贫穷的阴影视成无底的黑暗，却很安慰的相信，一旦再摔到地上还可以再爬起来。

《人生的智慧》34 页

一个穷光蛋由于从每方面来看都是完全的、深深的、绝对地不如人，更由于他是全然的渺小和不足道，他反而却能轻悄悄地在政治把戏中取得一席之地。

《人生的智慧》36 页

到处都是凉爽的场地，但我们却是生存在必须不停地跳跃疾走的由灼热的煤炭所圈成的圆周线上。被迷妄所惑的人，只要偶尔在眼前或立足之处发现到凉快的地方，便可得到慰藉，于是继续绕着圆周跑下去。

《爱与生的苦恼》30 页

唯有世界的克服者，才能放弃那充满整个世界、无时无刻蠢蠢欲动的求生意志，学会否定认识，平静地度其一生；唯有世界的克服者，才能表现其意志的自由，因而他们的言语行动才显得与世俗格格不入。

《爱与生的苦恼》35 页

我们用不着抱怨世俗目的低下，因为不管人们说什么，他们却统治着世界。

《人生的智慧》37 页

人在年轻的时候，常遐思未来的人生，这就像儿童坐在戏院里兴高采烈地等待拉开帐幕戏剧上演一样。

《人生的智慧》85 页

如果"生"的本身中有任何的价值，有绝对性的物质的话，当不会以"无"为目的。

《生存空虚说》95 页

我们要获得或达成某种事情，总是困难重重，一个计划总要遇到许多阻力，沿途布满荆棘，并且当你好不容易克服一切而获得时，实际你只是除了免除一种苦恼或一种愿望之外，再也得不到什么，它和此愿望未表现之前的状态，并无丝毫差异。

《爱与生的苦恼》109 页

人间原是偶然和迷惑的世界；愚蠢和残酷恣意地挥动鞭子，支配着世界上大大小小的事情。

《爱与生的苦恼》114 页

二、悲欢

过度的欢喜和激烈的痛苦，经常会在同一个人身上发生，因为两者是互为条件的，都以极活泼的精神为前提。

《爱与生的苦恼》106 页

当我们没有享受或欢乐时，我们总是痛苦地想念它。

《爱与生的苦恼》120 页

产生悲哀或欢喜的原因并非直接为了现存的快乐和痛苦，而是由于我们是在开拓我们预期的新未来而已。

《爱与生的苦恼》105 页

一种深刻的悲伤或强烈扣人心弦的兴奋，只是来自刚产生变化的那一瞬间。

《爱与生的苦恼》104 页

大概对不快乐的印象的受容性愈强的人，对快乐的印象的受容性愈弱，反之亦然。

《人生的智慧》13 页

苦乐都不是在眼前直接的享受或创痛上产生的，而是在一个新的将来的开端之上产生的，这开端又是人们在眼前享受或创痛中所能预期的。

《作为意志和表象的世界》133 页

过分的欢乐和痛苦总是基于错误和幻觉的。

《作为意志和表象的世界》435 页

和良心痛苦相反的是心安理得，是我们在每次无私的行动之后所感到的满足。

《作为意志和表象的世界》512 页

欢乐是以激烈的痛苦为事前事后条件的，譬如构成贪生的人们一生的那种欢乐；这里不是欢乐，而是一种不可动摇的安定，是一种深深的、宁静和内心的愉快。

《作为意志和表象的世界》634 页

三、自我

建造一所房子的工匠可能对这所房子的总体规划一无所知，或者，至少他可能没有时时刻刻考虑到它。对于一个人来说也是如此：在其生命时光的流逝中，他很少将生命作为一个整体来考虑其特征。

《人生的智慧》114—115 页

倘若在一个人的生涯中有某种有价值的或者重要的东西，倘若他为某项具体工作煞费苦心，那么，不时地将注意力转向其生活或工作的规划，亦即它的一般轮廓的缩影；这不仅更为必要，而且更为适宜。

《人生的智慧》115 页

只有那些必然在某个不确定的时刻降临于我们的不幸才会侵扰我们，然而，能够对此作出完满说明的人又寥若晨星。

《人生的智慧》117 页

一般实利主义者相信，人生是某种无限的与无条件的东西，并且要设法度过它，把一生看作似乎完美无缺。

《叔本华论说文集》663 页

在我们生活的美好的日子里，应该不忘我们陷于忧郁、沉闷、无所适从的困境，以教导我们如何正确地行动；当我们美好欢乐时，这种忧郁、沉闷、无所适从的困境，应能警示我们要保持谦虚谨慎。

《叔本华论说文集》598 页

我们的永不满足的主要根源，在于自我保存的冲动。这种冲动变成一种自私自利，并且从这一格言中得出一个责任，格言说：我们应当永远注意我们缺乏什么，以便我们可以努力得到它。

《叔本华论说文集》671 页

人应当避免受其想象力的诱惑。这与服从经过深思熟虑的思想的引导并不是一回事，但却是被大多数人误用的生活习惯。

《人生的智慧》150 页

在那些幸福而充满生气的美好的日子里，我们应当尽情地欣赏和享受；即使在悲苦忧愁的时候，我们也应当回想那过去的寸寸光阴——在我们的记忆中，它们似乎远离痛苦与哀伤——是那样地令人妒羡。

《人生的智慧》118 页

一切社会必须包括——作为其生存的首要条件——成员之间的互相适应和社会对其成员的制约。

《人生的智慧》123 页

在你自身中辨认真理，在真理中认识你自己；与此同时，你将惊奇地发现，你长期徒劳地寻找的终点，萦绕你的最炙热梦境中的终点，完完全全就在那里了，它的一切都是真实的，就在你站立的那个地方。

《叔本华论说文集》632 页

人生是一种语言，某些真理通过它传达给我们，如果我们能够用某种其他方法学得这些真理，那么我们干吗还活着呢？

《叔本华论说文集》661 页

只有相互约束与自我克制，我们才能与别人共事与交谈；所以，如果我们非得要交谈，只好抱着一种顺从的精神为上。

《叔本华论说文集》667 页

理智的对话——无论它是严肃的还是幽默的——仅仅适合于理智的社会，它完全不适合普通人。因为，对于后者来说，它绝对必然是陈腐不堪、令人乏味的。

《人生的智慧》125 页

我曾经说过，人都是喜欢群居的，这就是说，他们有自己的社会。他们变得厌恶自己。正是这种精神上的空虚驱使他们与其同类进行交往。

《人生的智慧》127 页

我们必须限定我们的希冀，抑制我们的欲望，缓解我们的愤怒；而且，要永远记住，个人所能得到的仅是他应具有的东西的极少的部分。

《人生的智慧》147—148 页

在灾难已经发生、因而无法改变的情况下，你就不应再悔不当初，更不应去想用这样或那样的方法或许就可能避免它；因为这种反省只能徒增自己的痛苦而使之无法忍受，这样，你将会变成一个自我折磨者。

《人生的智慧》140—141 页

对于独居，是欢迎、忍耐还是逃避，要依据一个人的个人价值的大小来决定——当一个人独自一个时，可怜的人要提到的是他的全部不幸，而聪明人喜欢的却是独具的高尚伟大；简言之，每个人都将成为自己。

《人生的智慧》123 页

四、他人

一个人在其人生旅途中，随时准备做并且也能够做到以下两件事（认识到这一点将使他大获裨益）：防患于未然与豁达大度。前者使他免受损失和伤害，后者使他避开冲突与争吵。

《人生的智慧》157 页

　　有奇特性格的人们，只能在奇异的情况下才是愉快的。例如适合他们的本性，正如同平常的情况适合平常人一样；并且这样的情况只能这样出现：令人惊奇地，他们碰巧遇到有一种非常不同的性格的奇异之人，但还是完全适合于他们自己的性格。

《叔本华论说文集》672 页

　　绝不应当对他人流露出生气或憎恨的情绪，除非施之于你自己；感情会对行为产生极大影响，以至于你在任何情况下都不要表现它们。因为只有其蜇刺有毒的冷血动物才会这样做。

《人生的智慧》189 页

　　一个人走来走去却从未感到自己躯体的重量，但是，倘若他想挪动别人的身子则立刻会感到沉甸甸的；同样，一个人能够清楚地看到别人的弱点和缺陷，却对自己的不足之处熟视无睹。

《人生的智慧》174 页

　　容忍别人的艺术可以通过对无生物实施耐心的方法而习得，根据某种机械的或普通的必然力，这种忍耐顽强地阻止了我们行为的放肆——这是日常生活所要求的一种宽容方式。

《人生的智慧》158 页

　　假如你希望别人接受你的判断，就应当冷静地、不带任何感情色彩地将它表达出来。

《人生的智慧》185 页

批评他人的人总是努力再塑自身。那些习惯于暗中观察别人一举一动的人，总是希望了解他们在干些什么，并以他们为榜样不断地改进自己、完善自己，从而使自己具有充分的正义感，或者至少有足够的自豪感和虚荣心，以免重犯自己曾严厉谴责过的错误。

《人生的智慧》175 页

我们时常发现，有丰富经验的人在同他们毫不相识的陌生人的交谈中，是非常坦率诚恳的，虽然他对后者没有任何兴趣。

《叔本华论说文集》667 页

一个有智力的人，同与他交谈的人在一起，时常不过是他一个人独白的机会；时常是这种情况：与他交谈的另一方，默默地暗自等待有智力的人说话，并且从他那里搞出他的秘密，这也就算以此弥补了他的从属角色。

《叔本华论说文集》670 页

像孩子一样，如果你溺爱他们，他们就会变得任性顽皮。

《人生的智慧》165 页

一个人只要与另一个人开始谈话，哪怕是极琐碎的话题，也立刻能感觉他们之间在智力、气质上的差异或相似，这种差异或相似显示得如此迅速和容易，令人大为吃惊。

《人生的智慧》158 页

没有人能够完全为所欲为、我行我素，每个人都要受某个先定规划的指导，并遵循一定的普遍规则。

《人生的智慧》172 页

我们对他人的信赖在很大程度上是由于懒惰、自私和空虚：我之所以说懒惰，是因为我们不要求自己主动关心过问而宁愿相信别人；之所以说自私，是因为我们迫于自身事务的压力而向他人吐露自己的秘密；至于空虚，是指我们有引以为自豪的事物，却企求别人的信任。

《人生的智慧》182 页

聪明伶俐的人会话时，他不太考虑自己与之交谈的人正在说什么话；因为那时他肯定不说任何他以后会感遗憾的话；他一定不会坦白无隐，也不会犯不检点的错误。但是，他的会话绝不会特别有趣。

《叔本华论说文集》671 页

当一个人只希望成为他所是的或本然的人时，他的本性与其自身是和谐一致的。那就是说，当他由经验了解自己的优点与弱点时，他发挥优点，克服缺点，而不是玩弄假币，设法向人炫耀他并不具有的优点。

《叔本华论说文集》656 页

一个必须生活于他人之中的人，绝对不应抛弃任何在自然秩序中占有一席之地的人——尽管他极为邪恶、粗鄙或荒唐可笑，也应该把他作为一个不可更改的事实接受下来，所谓不可更改，是因为它是一种内在本性的必然结果。

《人生的智慧》157 页

常有这种情况，即那些具有高尚品质和伟大天赋的人在世俗智慧和人事关系方面的知识显得奇缺和匮乏，当他们年轻时尤其如此，因而很容易被人欺骗或被引入歧途；另一方面，普通大众在立身处世方面则更容易获得成功。

《人生的智慧》166 页

一个人在他没有多少能力胜任的领域，缺乏自信、不愿冒风险，一方面，他甚至连如何利用他仅有的这一点儿能力，都不去学习；另一方面，在一个他起码会取得一些成绩的地方，他根本不付出任何努力，所以也便没有任何快乐。

《叔本华论说文集》672 页

每个人由于他的个性与所处的地位的影响，他的观念与所持意见，毫无例外，都有一定的局限性。

《叔本华论说文集》678 页

五、命运

人的命运无论多么千差万别，总有某些相同的因素。所以，不管是在乡间的农舍，还是在豪华的宫殿，也无论是在简陋的军营，抑或隐世的修道院，人生都是约略相仿的。

《叔本华论说文集》78 页

人们通常称之为命运的东西，不是别的，仅仅是他们自己愚蠢行为的结果。

《叔本华论说文集》103 页

在这个世界上——人们都玩着一种掷铅心骰子的游戏——一个人必须具有钢铁般的性格，披着坚不可摧的甲胄去迎战命运的打击，他手中的武器帮助他开辟成功的道路。

《叔本华论说文集》89 页

人生犹如一只远航的小船，运气则像风帆，它既可助船乘风破浪，全速前进，也能使船偏离航线、改变航向。一个人若想独自完成一切事情是徒劳无益的；就像船上的舵手，如果他努力工作可以使船顺利前进，但是一场突然降临的风暴就会使一切沉入海底。

《叔本华论说文集》118 页

当一个人回首其生命的旅程——这是一条坎坷困顿、崎岖不平的人生旅程时，他一定能发现许多生死攸关的转折点：在那里，每当命运背弃他时，不幸便会不期而至；于是，极易使他产生过度的自责。

《叔本华论说文集》132 页

任何一件充满危险的事，只要其结果仍然悬而未决，一切可能都会发生，我们不应当对此胆战心惊，而只能抗争到底，——正如一个人只要能看见一线蓝天，他都不应当对天气感到绝望。

《叔本华论说文集》152 页

无论什么命运将降临于你，都要顺应自然，该享乐就要尽情享乐，该悲痛也不要强抑悲痛；这既因为一切事物都是充满变化的、未来随时可能发生变化，也因为人们易为他们关于利与害的判断所蒙骗。

《叔本华论说文集》87 页

若要做到泰然自若地面对灾难，默默地忍耐不幸，最好的办法莫过于确实明白万物的存在，无论其是至大还是至小，它们所发生的一切都是必然的。

《叔本华论说文集》75 页

一个人顺应不可避免的命运——亦即顺应必然如此的东西；如果他知道万物无一能够逃脱必然性的法网，他也就能明白了事物只能是此而非彼，即世上最奇特的机遇也像一件事只要遵循众所周知的规则便会分毫不差地吻合预期结果一样，也是必然的产物。

《叔本华论说文集》107 页

特伦斯认为，人生如同一场掷骰子游戏，如果没有出现你所期待的数字，你还会千方百计地掷，直到出现那个数字为止。或者，更简单地说，人生是一场纸牌游戏，洗牌与发牌全靠碰运气。

《叔本华论说文集》150 页

六、旅程

生命的每一时期都有它独特的精神特性，如果一个人的精神与其年龄不相符，他将完全感受不到幸福。对此，伏尔泰有过极精彩的论述："谁要是没有符合其年龄的精神状态，则此段生活将充满不幸。"

《叔本华论说文集》201 页

一个人的个人经历并不是从对星相的观察中推断出来的，就像亚里士多德都要证明的那样。但是，人生的一般过程就其不同阶段而言可以被比作行星的交替；所以，可以说我们是在这些行星的依次影响下度过各个人生阶段的。

《叔本华论说文集》226—227页

　　向生命终点的迫近颇似临近终场的化装舞会——面具全都取下。这时，你就能看清你在人生旅途中邂逅的那些人的真实面目。

《叔本华论说文集》220页

　　我们的整个一生都是我们实际上拥有的现在，并且只是现在：唯一的差别是在生命的开端，我们期待着遥远的将来，而在生命的终点，我们则回首漫长的往昔；我们的气质——不是性格——也经历着某种众所周知的变化，从而使现在人生的不同阶段呈现出斑斓的色彩。

《叔本华论说文集》201页

　　如果说人生前半阶段的主要特征是对幸福的永无止境的渴求，那么后半阶段则就是以对不幸的恐怖为特征的。

《叔本华论说文集》206页

　　人生经验给予我们的最大收获是明辨是非的能力。这是识别一个人是否成熟的标志，并且是使世界呈现出一种与他青年或童年时代所看到的全然不同的面貌的原因。

《叔本华论说文集》207页

　　当我们还年轻时，时光流逝得极为缓慢；所以，生命的第一阶段不仅是最幸福的，而且在其整个旅程中也是最漫长的，它给我们留下的记忆也最多。如果一个人苦恼不堪，欲向你吐露心曲，那么谈得最多的要数他人生的第一阶段，而不是其他时期。

《叔本华论说文集》210 页

无论如何，青春是骚动不安的时期，而垂暮之年则是恬静悠闲的岁月，正是在这里暗示着属于不同时期的愉悦和相应程度。

《叔本华论说文集》222 页

从年轻人的角度来看，生命之路似乎延伸至无限的未来；而从老年人的角度来看，回首往昔生命的旅途只是短暂的一瞬。

《叔本华论说文集》210 页

有时，我们相信自己在留恋那已经失去的显赫地位，其实，我们只是渴望已被我们浪费了的时光——当我们比现在更年轻更富有朝气时的那些宝贵时光——重新复归。

《叔本华论说文集》212 页

每一代人——无论它多么卑微渺小——总是以为自己比前辈人要聪明得多，更不用说那些出类拔萃者了。人生旅途中的各个阶段也同样如此，但是，也有人常常认为各个阶段彼此间无甚差异，只是对人生的一种误解。

《叔本华论说文集》219 页

七、困惑

所谓人生，就是欲望和它的成就之间的不断流转。就愿望的性质而言，它是痛苦的；成就则会令人立刻生腻。

《人性的得失与智慧》6 页

努力与意志一样，是一切事物的核心和本质，是人类接受最明晰、最完全的意识之光所呈现的东西。我们所称的苦恼，就是意志和一时性的目标之间有了障碍，使意志无法称心如意；反之，所谓满足、健康或幸福，即为意志达到它的目标。

《人性的得失与智慧》2 页

一切知识和学问的根本基础都是那无法解释的东西。每一种说明解释，尽管经过多多少少的中间阶段，但最后总归于这个无法解释的东西；正如测水深度的铅锤一样，当它接触海底时，有时候比较深一点，有时候比较浅一点，但迟早总归要达到海底。

《人性的得失与智慧》227 页

水一泻千里，悠悠不断地流着，穿过一望无际的平原，汇入浪涛千古的大海，看来似乎没有遭遇什么阻挡。人和动物也正是这种情形，他从不注意或意识到自己生命的内容和意志符合的究竟是什么。如果稍事留意一番，就会知道我们的意志原不断地遭到折磨，在生命的经验中，意志不止一次地要忍受阻挡。

《人性的得失与智慧》184 页

要了解一切活动的根源——意志，并不是一件困难的事，由意志产生意欲，由意欲产生动机，由动机产生活动。

《人性的得失与智慧》181 页

对于为意志所役使的智慧而言，就是说，对于为现实效用所役使的意志而言，存在于这世界的，只有个别的事物；对于从事艺术和科学工作的智慧而言，就是说，对于为自身原因而活动的智慧而言，存在于这世界的，便只是普遍共相，事物的种、属、类以及事物的观念。

《人性的得失与智慧》277 页

"智慧愈增，痛苦也愈多。"这句话中的所谓智慧，并不是指关于抽象的知识，而是指一般性的认识及其应用。

《人性的得失与智慧》3 页

确信认识是值得感谢的财富的人，不妨心平气和地试把人类一生中所能享受的快乐总和与人们一生中所遭到的烦恼总和比较一下，我想便不难算出其中的比重如何。

《人性的得失与智慧》23 页

在无意识的夜晚，一个被生命所觉醒的意志，化为个体，它从广漠无涯的世界中，从无数正在努力、烦恼、迷惑的个体间，找出了他自己，然后又像做了一场噩梦一般，迅即同归以前的无意识中。

《人性的得失与智慧》20 页

人在年轻的时候，常遐思未来的人生，这就像儿童坐在戏院里兴高采烈地等待拉开帷幕戏剧上演一样。当人们不知道实际要发生的究竟是什么时，这时我们实在是幸福的。

《人性的得失与智慧》187 页

人的一切情感的主要源泉是人常想到现在缺乏和展望未来，而深深地影响了自己的所作所为，这也是人们种种顾虑、希望和恐惧的真正源泉，所有这些情感深深地影响到自己当前的痛苦和快乐，远超过它对动物的影响。

《人性的得失与智慧》189 页

我们只有对痛苦、忧虑、恐惧，才有所感觉，反之，当你平安无事、无病无灾时，丝毫无感觉。我们对于愿望的感觉，就饥之求食、渴之求饮一般的迫切，但愿望获满足后，则又像吞下一片食物的一瞬间一样，仿佛知觉已停止。

《人性的得失与智慧》22 页

人所处的世界、所处的地位、所得的结果是一样，就应该有着悲心。悲己所以悲人，悲人也就是悲己，由之容忍。忍耐、慈善、自制，就自然的应与各人同在。

《人性的得失与智慧》192 页

对于只是存在，其他动物比人更能满足，植物就完全满足于自己的存在，而人是否满足，是要从各人的迟钝性和感觉不敏性来决定的。

《人性的得失与智慧》190 页

如果进一层地分析就会发现，人为了增加自己的快乐，就刻意地增加快乐的花样和需要的压力，而人本来和其他动物一样，并没有更大的困难来满足自己的快乐，花样和压力加大，困难也就随之加大，这样各式各样的东西，也就是认为对自己的存在所必要的东西都产生了。

《人性的得失与智慧》189 页

八、人的本性

从人格一词的广泛意义来说，人就是人格，其中包括着健康与精力、美与才性、道德品性、智慧和教育等。

《人生的智慧》1 页

人，这复杂的、多方面的、有可塑性的、需求最多的、难免不受到无数伤害的生物，为了能够生存，就必须由双重认识来照明，等于是直观认识更高级次的能力，加上反映直观认识的思维，亦即加上具有抽象概念能力的理性。

《作为意志和表象的世界》219 页

在认识之光的照耀下，人是他自己的创造物。

《作为意志和表象的世界》402 页

只有人，因为他具有理性，才在他实际的和无数可能的生活道路上经常瞻前顾后，这样才完成一个有思虑的，从而连贯为一整体的生活过程。

《作为意志和表象的世界》359 页

人的本质就在于他的意志有所追求，一个追求满足了又重新追求，如此永远不息。

《作为意志和表象的世界》360 页

人由于有理性而超过动物的地方，就是他能对整个生活有全面的概览。

《作为意志和表象的世界》134 页

人虽和动物一样都是以同等的必然性而为动机所决定的，然而人却以具有完整的抉择力而优胜于动物。

《作为意志和表象的世界》408 页

人，不同于一般动物只生存在"现在"，人类有理性，靠着它，由检讨过去而瞻顾未来。

《爱与生的苦恼》49 页

人与其他动物最大的不同，就是人具有猛烈和深厚的情感。

《人生的智慧》87 页

人时时在顾虑、不安和不满的思想中，比诸其他动物的平和与安逸，难道我们不感到羞耻吗？

《人生的智慧》89 页

人真像一架燃烧的蜡烛，不到快燃烧完的时候，他不会意识到自己的命运原要化为灰烬。

《人生的智慧》83 页

人是什么，他本身所具有的一些特质是什么，用一个字来说，就是人格。人格所具备的一切特质是人的幸福与快乐最根本和直接的影响因素。

《人生的智慧》9 页

一个人要自觉自愿地承认别人的价值，尊重别人的价值，根本就得自己有自己的价值。

《作为意志和表象的世界》325 页

每个人生活、生存是为了自己；同时，重要地活在他自己之中，他成为什么，他如何生活，对自己比对他人要紧得多，所以假使他在这方面不能得到自己的尊重，在别人眼里他也值不了多少了。

《人生的智慧》74 页

要知道任何人的首要存在和真实存在的条件都是藏在他自身的发肤中，不是在别人对他的看法里。

《人生的智慧》40 页

使别人喜欢自己，不论出于什么方式，其目的还是在想得到我们所需要的。

《人生的智慧》8 页

人在自己心目中的价值是集合了造成我们存在和存在领域内一切事物而形成的。

《人生的智慧》39 页

若一个人认识最内在的真正自我，他必然愿意以一身承担生存以及全世界的痛苦。

《爱与生的苦恼》29 页

利己主义者觉得自己被陌生的敌对现象所包围，他全部的希求都寄托在自己的安乐上。

《作为意志和表象的世界》513 页

一个有动机作用的道德训条，它之所以能起作用，只是由于它对人的自爱起了作用。

《爱与生的苦恼》504 页

唯有直接且存于自身的价值才具有绝对的价值，因为此种东西在任何情况中都不会为他人剥夺。

《人生的智慧》73 页

每个人身上所具有的，首先是强烈的自我中心主义，这种自我中心主义以最大的自由突破公理和正义的约束，像日常生活中小规模表示的及历史上各时期大规模表示的一样。

被利己心所俘虏的人，只认识个别的事物，只了解它们与自己的关系，而且它们还是出奇翻新的，经常成为欲望的动机。

自然次序的真理可以具有许多外在的意义，但却没有丝毫内在的意义。内在的意义是理智的和道德的真理的特权，理智的和道德的真理仅仅相关意志在其最高阶段的客观化，而自然的真理只是涉及意志的最低阶段。

《叔本华论说文集》505 页

每个人对他人的基本倾向，在品性上被设定为要么是忌妒要么是同情，正是由此出发导致了最初的人类道德的善与恶的分道扬镳。

《叔本华论说文集》508 页

考虑到我所提及的古代人与现代人在评价胆量作为一种美德时所产生的差异，必须要牢牢记住，古代人所理解的美德可以意指就其自身就值得赞扬的任何一种优点或性质，它们可以是道德的，也可以是理智的，甚至还可以是纯物理的。

《叔本华论说文集》510 页

唯有伟大而真正的哲学体系，崇高而雄壮的悲剧结局，以及对人的行为的道德的或不道德的（或者说是善的或恶的）品性的最高表现形式的观察，它们才能为我们提供内在的意义。

《叔本华论说文集》505 页

当梦游症者苏醒过来时，尽管他们的自我同一性完全保留了下来，但是，对于他们本人梦游之时所说的、所做的和所遭受的，他们则茫茫然一无所知。

《叔本华论说文集》531 页

一个人自身的真实本质客观地存在于另一个个体之中，并通过这一个体来反映其真实的存在。

《叔本华论说文集》528 页

为了满足我们的自我意识和我们的自高自大，没有任何能比一览无遗地明察到忌妒之心正躲藏在阴暗的角落内密谋策划而更令我们感到心旷神怡的事情了。

《叔本华论说文集》525 页

如同胆量在美德中的地位是一个值得怀疑的观念，贪婪在罪恶中的地位同样也值得深究。

《叔本华论说文集》511 页

就起源或性质上说，人的每一种美德总是与某种缺点相关联；同样真实的是，人的每一种缺点也总是与某种美德相关联。

《叔本华论说文集》514 页

生活在群体中的每一个人，都会一次又一次地感觉到正在接近这一蛊惑人心的假设，即道德的卑劣与理智的无能总是紧密地联系在一起，二者仿佛直接发生于同一渊源。

《叔本华论说文集》514 页

非常必要的是，一个人应当尽早地被告知生活的真谛，即人生只是一场化装舞会，通过它，人才能发现自我。

《叔本华论说文集》517 页

不论我们对生命和世界的意义的感受是如何的真切而确定，但要说明或解释它，并解决这种意义与表象世界的冲突，确实又构成了一件异常艰难的任务。

《叔本华论说文集》506 页

勇敢是一种美德，而勇敢是建立在胆量基础之上的，因为勇敢仅仅是体现在战斗中的胆量，故而值得对其做进一步的考察。

《叔本华论说文集》508—509 页

不管怎样说，胆量也可以解释为在某个时刻遭遇威胁或灾祸的一种迅疾反应，以便避免在将来遭受到更大的灾难，而胆怯则恰恰相反。

《叔本华论说文集》509 页

幸灾乐祸是一种对他人的不幸感到高兴的可恶情绪，它是人性中最坏的特性。

《叔本华论说文集》522 页

在自然的运行与人的行为之间，存在着某种类似之处，这种类似是一种独特的而非偶然发生的东西，并且是建立于二者之中的生存意志的同一性的基础之上的。

《叔本华论说文集》535 页

纵使聪慧的智者，或绝顶的天才，倘若不能求得世人忌妒之心的宽宥，就根本无法在世界上生存下去；因为没有一个地方使其能够自豪而无畏地君临天下、傲视万物。

《叔本华论说文集》523 页

一个人应当学会，无论忌妒在哪里潜伏下来，也无论忌妒在何时开始谋划，都能够一眼识破魑魅伎俩。

《叔本华论说文集》525 页

作为一种情感，幸灾乐祸与残忍同根同源，但又有所不同，实际上它们的差别仅仅在于前者是理论的，而后者是实践的。

《叔本华论说文集》522 页

忌妒与怜悯也是对立的，但这种对立却是另一种意义上的；也就是说，忌妒根源于一种直接与怜悯不相容的原因，它亦产生出一种幸灾乐祸的情感。

《叔本华论说文集》522 页

正是作为怜悯的对立物，忌妒本源于人之心灵；至此而言，它仍可被看作一种人之常情。

《叔本华论说文集》523 页

时常有这样一种现象，即使在同一个自我之中也会产生两种意识，而其中一种意识完全不理解另一种意识。

《叔本华论说文集》531 页

九、存在得失

存在的空虚表现于存在所取的整个方式中，表现于时间和空间的无限和个人在时空中的有限里，表现于作为现实事物唯一存在方式的无常中，表现于万物的偶然和相对中，表现于不断变化而没有不变的存在者中，表现于不断期望而永无满足的情形中，表现于生活奋斗的不断顿挫中。

《人性的得失与智慧》177 页

存在的形式好像从山上跑下来的人一样，如果想停下来就会跌倒，只有继续不断地跑才能稳住脚跟；或像在指尖平衡的竿子，或像绕着恒星运动的行星，如果不在继续运行，就会落到恒星上。

《人性的得失与智慧》179 页

厌烦是表示存在本身毫无价值的直接证明，因为厌烦只是存在的空虚感，这些情形充分证明了人生必定是一种错误。

《人性的得失与智慧》180 页

时间和存在于时间中万物的易灭性，只是生活意志显示其奋发的空虚方式；就生活意志作为物自体而言，是不会消灭的。时间是使一切事物在我们手上变为空无并失去一切真正价值的东西。

《人性的得失与智慧》177 页

曾经存在的东西，现在不再存在，就像从来不曾存在的一样。但是，现在存在的一切东西，在下一时刻就变成曾经存在的东西，于是最无意义的现在也比最有意义的过去具有较多的现实性，这表示前者与后者的关系是有物存在和无物存在之间的关系。

《人性的得失与智慧》256 页

除了短暂的现在之外，我们的存在没有其他的依凭。因此，从根本上看，存在的形式永远是不断的运动，根本找不到我们不断追求的那种安静。

《人性的得失与智慧》199 页

我们生命的情景好像镶嵌粗陋的图画。从近处看，看不出什么东西；要发现它的美，必须从远处看。

《人性的得失与智慧》179 页

生命所表现的，主要是一种工作，一种维持本身存在的工作，求胜就是生命。如果这个工作完成了，所获得的东西就变成一种负担，于是便出现第二个工作：就是如何避免厌烦。

《人性的得失与智慧》180 页

厌烦像捕食动物的飞鸟一样，盘旋在我们头上，找机会攫住安心无虞的生活。

《人性的得失与智慧》180 页

　　人类有机体所显示的生活意志的最完全表现，及其无可比拟的精密而复杂的组织，终必崩溃而委诸尘埃，它的全部精华和奋斗，最后也明显地归于毁灭——这是"自然"的明白宣示，告诉我们意志的一切奋斗终归无效。

《人性的得失与智慧》281 页

　　我们生命的所有时刻，只有片刻属于现在，大部分永远属于过去。每个夜晚，我们都比白天更为可怜不幸。

《人性的得失与智慧》178 页

　　如果我们内心深处不曾了解自己享有无尽的永恒泉源，因而永能吸取新的生命和新的时间的话，那么，当我们看到自己短暂生命不断消逝的时候，也许要发狂的。

《人性的得失与智慧》178 页

　　人的本质和存在就是追求生命，如果生命中含有正面价值和真实内容，就不会有厌烦这种东西存在，单纯的生存就能使我们满足。

《人性的得失与智慧》180 页

　　每当我们不从事这些事情只回到生存本身时，就会深深感到空虚和没有价值，这就是所谓的厌烦感。

《人性的得失与智慧》180 页

十、超越生命

　　各种阶段的存在理念，虽然都是求生意志的客观化，但对于囿于
"时间"形式的个体而言，他所认识的却不是"个体"，而是结合生殖
关系而产生的"种族"。

《人性的得失与智慧》237 页

　　卡特鲁斯曾说："每个人皆依其自然所赋予的素质。"日常经验也
告诉我们，父母的生殖因子，可将种族及个体的素质遗传给他们的下
一代。

《人性的得失与智慧》245 页

第二部分　精神篇

一、心灵

人的最高、永恒和丰富的快乐实是他的心灵，虽然我们在青年时不了解这一点，事实上确是如此。

《人生的智慧》4 页

所有具有特权身份或出生在特权世家的人，即使他是出生在帝王之家，比起那些具有伟大心灵的人士来说，只不过是为王时方为王而已，具有伟大心灵的人，相对于他的心灵来说，永远是王。

《人生的智慧》1 页

即使环境完全相同，每一个人的心灵也并不合乎他周围的环境，名人都活在他自己的心灵世界中。

《人生的智慧》2 页

一个心灵优美而思想丰富的人，在他一有任何可能就争取把自己的思想传达于别人以便由此而减轻他此尘世中必然要感到寂寞时，也会经常只用最自然的、最不想兜圈子的、最简易的方式来表达自己的思想。

《作为意志和表象的世界》318 页

人的内在生命性质是使我们心灵满足的直接源泉，我们整个感性、欲望和思想使我们不满足，直接的源泉也是因为我们内在生命的性质。

《人生的智慧》2 页

缺乏内在生命的人，其悲惨就好比在暮冬深夜的冰雪中。

《人生的智慧》19 页

心灵空虚是厌倦的根源，这就好比兴奋过后的喘息，人们需要寻找某些事物来填补空下来的心灵。

《人生的智慧》15 页

人要避免厌倦的最好方法，莫如增长自己的心灵财富，人的心灵财富愈多，厌倦所占的地位就会愈小。

《人生的智慧》15 页

越是内心里有欠缺，他越是希望在别人眼里被看作是幸运儿。

《作为意志和表象的世界》446 页

一个彻底否定求生意志的人，从外表看起来他的确是贫穷，一无所有，既无欢乐亦无生趣的人，但心灵则是一片清澄，充满宁静和喜悦。

《爱与生的苦恼》40 页

世界上一切的骄傲与快乐，对蠢子的迟钝心灵来说当然微不足道，蠢子的迟钝心灵决不能与塞万提斯在悲惨的监牢中写堂吉诃德时的想象相比。

《人生的智慧》3—4 页

只因孤独时，人须委身于自己，他内在的财富的多寡便显露出来。愚蠢的人，在此虽然身着华衣，也会为了他有卑下的性格呻吟，这原是他无法脱弃的包袱；然而，才华横溢之士，虽身处荒原，亦不会感到寂寞。

《人生的智慧》16 页

很多人需要外界的活动，因为他们没有内心的活动。相反的，凡是后者不存在的地方，前者便可能是一种非常讨厌的东西和阻碍物。

《人性的得失与智慧》322 页

人类中一切基本的东西，一切真实的东西，都像自然势力一样，在不知不觉间发生作用。因此，在意识中经过的东西变成观念。所以，在某种范围以内，它的表现就是观念的沟通。于是，所有性格上和心灵上的真实而确定的特质，主要都是无意识的，也只有如此，才产生深刻的印象。

《人性的得失与智慧》320 页

如果你想知道自己对某人的真正看法如何时，只要留意一下自己第一次在门口看到他给自己的意想不到的信件时所产生的印象就可以了。

《人性的得失与智慧》315 页

记忆很可能被其中所含的东西所混乱，但它不会真正成为令人生厌的东西。记忆的能力不因接受而减少，就像把沙砾堆成不同形状时并不表示不能堆成其他形状一样。

《人性的得失与智慧》322 页

二、品德

一切公正无私的良善都是无法解释的，它是一种神秘，为了要解释它，便必须诉诸种种虚构想象。

《人生的智慧》112 页

有崇高品德的人在自己的一生和不幸中，他所注意的大半是整个人类的命运，而很少注意到自己个人的命运。

《作为意志和表象的世界》289 页

美德的行为好像只是偶然地作为手段而不是目的，才夹杂在理性生活中的。

《作为意志和表象的世界》136 页

虽然美只是个人的一种优点，与幸福不构成直接的关系，但却间接给予他人一种幸福的印象。

《人生的智慧》14 页

美可说是一封打开了的介绍信，它使每个见到这封信的人都对持这封信的人滋生欢喜之心。

《人生的智慧》14 页

人类每一种完美，都与一种本身势将形成的缺点联在一起；但是，如果我们说每一缺点都与某种完美联在一起，也是对的。

《人生的智慧》100—101 页

如果一个人喜欢侮辱别人，这种人实在是具有坏品质。

《人生的智慧》57 页

在一切德性中，唯有谦逊是每一个敢于赞扬任何卓越人物的人，为了化解和消除人们自己无价值的愤怒，每次都要添加在他的称颂之后的。

《作为意志和表象的世界》325 页

当谦虚成为公认的好德性时，无疑地世上的笨人就占了很大的便宜；因为每个人都应该谦虚地不表现自己，世人便都类似了。

《人生的智慧》45 页

难道谦逊不是人们因为自己有优点和功绩而在这充满卑鄙嫉妒的世界里不得不用以请求那些没有任何优点和功绩的人们加以原谅的手段？原来谁要是因为无功可伐而不自高自大，这不是谦逊，而只是老实。

《作为意志和表象的世界》325 页

谦称自己的无价值，只是那些绝望的无能力者，用以自慰的歪理。

《生存空虚说》193 页

骄傲的最大敌人——我的意思是说它最大的阻碍——是虚荣，虚荣是企图借外在的喝彩来建立内在的高度自信，而骄傲却基于先存有此种强烈的自信才能成立。

《人生的智慧》45 页

骄傲中最廉价的一种是国家骄傲；因为当人以其祖国为荣时，就表示他自身没有足以自傲的品格，不然他也不会把骄傲放在那与千百万同胞所共享的东西上了。

《人生的智慧》46 页

只有本身一无可取的笨人才不得不依赖他祖国的骄傲。他高兴地维护着祖国任何的缺点与短处，借祖国的荣耀来弥补自身的不足。

《人生的智慧》46 页

通常"骄傲"总是受到指责；可是我想只有自己没有足以自傲之物之人才会贬损"骄傲"这种品德。

《人生的智慧》45 页

骄傲是一种内在的活动，是人对自己直接的体认。虚荣是人希望自外在间接地获得这种体认。

《人生的智慧》44 页

如果人事事顺遂，不劳即获，傲慢和妄自尊大不使自己爆炸，也会使自己的生命膨胀。

《人生的智慧》84 页

一个良好、温和、优雅性格的人，就是在贫乏的环境中也能怡然自得；然而一个贪婪、充满嫉妒和怨恨的人，即使他是世界上最富有的人，他的生命也是悲惨的。

《人生的智慧》5 页

每逢有杰出的事件出现，不论是那一方面能杰出，伪君子和一般大众都会联合起来排斥甚至压制它。

《人生的智慧》72 页

谦逊的赞美者，一遇到有某种真价值的东西出现，便利用机会，想尽办法使它窒息，或者阻遏它不让我们知道。

《生存空虚说》194 页

愚痴的读者嫉妒诗人有那么多令人愉快的事物，他们除了嫉妒外，不想想诗人莫大的想象力可把极平凡的经验变得美丽和伟大。

《人生的智慧》2 页

羡妒在人与人之间，建立一道坚厚的墙；同情则使这道墙变松变薄，有时候甚至彻底把它推倒，于是自我与非我之间的区别便消失了。

《人生的智慧》95 页

对我们的自觉和荣誉而言，没有东西比看到藏在意识深处并表现意识倾向的羡妒更令人喜悦；但是千万不要忘记一个事实，即凡是羡妒的地方就有憎恨，同时，更不要错把任何羡妒的人当做朋友。

《人生的智慧》110 页

一个最善良的人，"自他"的区别最小，也不会把他人当作绝对非我的人；反之，恶人对"人我"之区别则甚大，且是绝对性的。

《爱与生的苦恼》184 页

如果财产是别人劳动的果实，那么侵占别人的财产和奴役别人在本质上就是相同的，两者之间的关系等于伤害同于凶杀。

《作为意志和表象的世界》460 页

他是作为道德上的零而来到这世间上的，是在世上认识了事物之后，然后才作出决定要成为这，要成为那；要这样做，要那样做的。

《作为意志和表象的世界》401 页

人的道德基于人的尊严；而人的尊严又基于人的道德。

《人生的智慧》93 页

我们对别人的基本倾向是羡妒还是同情，这一点决定了人类的美德和恶德。

《人生的智慧》95 页

抵制憎恨和蔑视的方式，不是寻求人的尊严；相反的，而是把他当作怜悯的对象。

《人生的智慧》94 页

为道德上某种邪恶心理，不但要使他所喜爱者看透一切遮盖物，而且要揭起伪装、欺骗、虚伪、借口、虚假和诈欺的面目，这面幕是遍布在一切事物之上的！

《人生的智慧》102 页

对一切骄傲的人，也就是对当前有最为迫切要求的人。

《人生的智慧》45 页

三、名誉

在生命中最能给人勇气的便是得到或重获他人欣赏的信念；因为唯有他人欣赏他，他们才会联合起来帮助他和保护他，凭着这种力量他可以抵御生命中的许多灾患，这是他以匹夫之力无法办到的。

《人生的智慧》49 页

别人对你的意见是从你的荣誉、名声和身份表现出来的。

《人生的智慧》1 页

在任何情况中，名誉被视为一种无价的财宝，而名声是一个人所能获得的最宝贵的事物。

《人生的智慧》8 页

名声和荣誉好比双生兄弟，像双子星座的卡斯特和波勒士，他们两兄弟一个是不朽的，另一个却不是永恒的。

《人生的智慧》67 页

能够遗传后世的声名就好像橡树，长得既慢，活得也就越久，延续不长的名声好比一年生的植物，时期到了便会凋零；而错误的名声却似菌类，一夜里长满了四野，很快便又枯萎。

《人生的智慧》70 页

从人类幸福的观点着眼，名声仅仅是少许用以满足骄傲与虚荣口味的东西，这少许东西又是极珍贵和稀有的。

《人生的智慧》74 页

令人幸福的不是名声，而是能为他带来名声的东西；更正确地说，是他的气质及能力，为他造就了学术和德性上的名声，也令他真正幸福。

《人生的智慧》75 页

没有反射体我们看不到光线，没有喧嚣的名声我们认不出真正的天才。

《人生的智慧》73 页

身后之名的价值乃在于它是纯正不功的，它是对伟大心灵的报答。

《人生的智慧》76 页

真正的名声是死后方得的名声，虽然他没有亲自领受，他却是个幸福的人。因为他拥有他赢得名声的伟大品质，又有机会充分发展，有闲暇做他想做的事，献身于他喜爱的研究中。

《人生的智慧》76 页

我们的虚荣弄假，以及装模作样都是源于担心别人会怎么说的焦虑上，如果没有了这种焦虑，也就不会有这么多的奢侈了。

《人生的智慧》41 页

我们所有的焦虑、困扰、苦恼、麻烦、奋发努力，几乎大部分都是因为担心别人会怎么说。

《人生的智慧》43 页

只要我们有机会认清古来多少伟人曾受过蠢虫的蔑视，也就晓得在乎别人怎么说便是太尊敬别人了。

《人生的智慧》39 页

与其他许多事情比较，荣誉并没有直接的价值，它只是间接价值。

《人生的智慧》44 页

荣誉可分为主观及客观的两面，就从客观的一面来说，荣誉是他人对我们的评价和观感；就主观的一面而言，荣誉感是我们对这种评价及观感的重视。

《人生的智慧》48 页

荣誉不是人们对于某人独具的品格之赞扬，而是对于某人应该表现且不应错的一些品格之期许。

《人生的智慧》50 页

对于我们的所作所为，别人也许有最恶劣的批评，对我们抱种种轻视，且无任何人敢表达不同的意见，我们的荣誉仍是崇高的。

《人生的智慧》56 页

荣誉是强调一个人都不该例外，而名声却是赞美某人的特殊成就。名声是我们必须去争取的，荣誉却是我们不得不丧失的。

《人生的智慧》50 页

老者经常获得他人内心由衷的敬仰，而皱纹——岁月的象征——却不会博得尊崇。人们常说：可敬的白发；但从未说：可敬的皱纹。

《人生的智慧》51 页

所有具有荣誉感的人，对于品质恶劣的人是不屑一顾的，只不过他把他当作一个患癣病的人，不屑与他为伍。

《人生的智慧》58 页

荣誉是可以与他人分享的东西，名声却不能轻易获得；想获得的人既多，又需防他人的侵害。

《人生的智慧》72 页

名声实在仅是人与他人相形比较的结果，而且主要是品格方面的对比，所以评价也就因时、因人而异；当别人变得与他同样有名时，他原有的名望无形中便给"比下去"了。

《人生的智慧》73 页

我们的荣誉最多使他人认识我们，而名声则有更永远的成就，它使我们永远为人怀念。

《人生的智慧》67 页

一个遭人侮辱的——即使他是世界上最不幸的人，也不论他所遭受的侮辱是什么，只要别人认为他是一个具有荣誉的人，那他就仍是具有荣誉的人。

《人生的智慧》57—58 页

如果你打一只猫，它会竖毛发；要是你赞美一个人，他的脸上便浮起一丝愉快甜蜜的表情，而且只要你所赞美的正是他引以自傲的，即使这种赞美是明显的谎言，他仍会欢迎之至。

《人生的智慧》38 页

只要有别人赞赏他，即使厄运当头，幸福的希望渺茫，他可以安之若素；反过来，当一个人的感情和自尊心受到自然、地位或是环境的伤害，当他被冷淡、轻视和忽略时，每个人都难免要感觉苦恼甚至极为痛苦。

《人生的智慧》38 页

一个有荣誉感的人，当有任何人说出与自己违逆的话或显示出有更多的才智时，我们便应该马上武装自己。

《人生的智慧》60 页

日常经验告诉我们，太重视名誉正是一般人最常犯的错误，人们非常计较别人的想法而不太注意自己的感觉，虽然后者较前者更为直接。

《人生的智慧》41 页

如果你的荣誉遭受攻击的话，或者外表看来已没有荣誉可言的话，只要迅速地采取彻底纠正的方法，很快就可恢复荣誉——那就是决斗。

《人生的智慧》58—59 页

退休的生活有助于心灵的平和，就是由于我们离开了长久受人注视的生活，不需再时时刻刻顾虑到他们的评语，换句话说，我们能够"归返到本性"上生活了。

《人生的智慧》44 页

一般说来，一个人的官阶，包含着他应该有的某种程度的荣誉。

《人生的智慧》52 页

官位只有让服务政府的人去追求，而名声却是由少数人所追求的。

《人生的智慧》8 页

由于人性奇特的弱点，我们经常过分重视他人对自己的看法；其实，只要稍加反省就可知道，别人的看法并不能影响我们可以获得的幸福。所以我很难了解为什么人人都对别人的赞美夸奖感到十分快乐。

《人生的智慧》38 页

任何人的首要存在和真实存在的条件，都是藏在他自身的发肤中，而不是在别人对他的看法里。

《人生的智慧》40 页

诽谤是唯一能够无中生有攻击荣誉的武器，反击此种攻击的唯一方法，便是用适当的舆论批驳此种诽谤，并且恰到好处地去揭开诽谤者的假面具。

《人生的智慧》51 页

决定一个人是有用的，不是他自己而是别人的意见；于是他尽力讨好他所看重的世俗，以期给他们留下好印象。

《人生的智慧》49 页

我们应当尊重那致使成名的因素，不必太沽名钓誉，前者是基本的实体，后者只是偶然的机运下显现前者于外的征象，它的好处是能够证实人对他自身的看法。

《人生的智慧》73 页

过分重视他人的意见是人人都会犯的错误，这个错误根源于人性深处，也是文明与社会环境的结果，但是不管它的来源到底是什么，这种错误在我们所有行径上所产生的巨大影响以及它有害于真正幸福的事实则是不容否认的。

《人生的智慧》40 页

四、个性

任何人决不能超出他的个性。

《人生的智慧》4 页

我们对完全来自外界的厄运还可以容忍，但由自己的个性导致的苦难却无法承受；只因运道可能改变，个性却难改变。

《人生的智慧》60 页

任何人之所以是他，是由于他的认识然后才成为他的。

《作为意志和表象的世界》401 页

摹仿别人的属性和特点比穿别人的衣服还要可耻得多，因为这就是自己宣告自己毫无价值。

《作为意志和表象的世界》419 页

在一种经验中客物或外界因素一样，但主体或个人对它的欣赏却因人而异，每一个人对相同的客物看法甚似不同。

《人生的智慧》3 页

任何想假装高傲的人不一定就能骄傲，他多半会像其他人一样，很快地丢弃这个假装的个性。

《人生的智慧》45 页

一般说来，人是什么比他有些什么和他人对他的评价是什么更影响他的幸福。因为个性随时随地伴随着人并且影响他所有的经验，所以人格——也就是人本身所具的一些性质——是我们首先应考虑的问题。

《人生的智慧》9 页

水在不同的情况下有不同的表现，但总是忠实地保有它的特性。

《作为意志和表象的世界》349 页

不是根本的、独创性的东西，或者，不是由同一块木料所做成的家具，它总是显得有点别扭。

《爱与生的苦恼》174 页

既然一个人是不可变更的，那么他的道德性格必将绝对同一地伴随着他的整个生命过程。既然一个人接受了这个角色，那么他就必须演好这个角色，不能与这个角色的人物性格产生任何细微的差异。

《叔本华论说文集》573 页

生命是性格的具体表现，或者说，是我们借助性格这个语词理解的某种东西的具体表现。这种东西不在生命之中，而在生命之外，并且是外在于时间序列的；性格所经历的变化，只是生命过程所赋予的自我认知的一种结果。

《叔本华论说文集》573—574 页

善与恶应用于性格，仅仅存在一个选择问题；也就是说，我们更乐意行善，而不愿意施恶。

《叔本华论说文集》580 页

性格上善或恶的根源，仅就我们所掌握的关于它们的真实知识而言，它存在于：恶的性格在思考外部世界，尤其是思考外部世界中的生物时，它总是伴随着一种固执的情感：那不是我，不是我，不是。

《叔本华论说文集》580 页

不仅人的生命，还包括人的理智，都具有一种清晰明确的性格，只是人的理智主要是用于理论方面的。

《叔本华论说文集》575 页

造成理智差异的主要原因已经被发现是存在于大脑和神经系统。

《叔本华论说文集》581 页

人的智性性格是主题，人的一切作品都是这种同一主题的不同变体而已。我在魏玛写的一篇文章中，曾把它称为"一种天赋的技艺"，天才只有通过这种技艺才能写成丰富多彩的作品。

《叔本华论说文集》581 页

不仅人的生命，还包括人的理智，都具有一种清晰明确的性格，只是人的理智主要是用于理论方面的。

《叔本华论说文集》575 页

只要我们理解性格的本性，我们就会明白性格是高于并超越于时间的，在生命过程的影响下，它绝不会发生任何变化。

《叔本华论说文集》575 页

性格是由两种因素构成的：一种是生命意志本身，它是一种盲目的冲动，即所谓的原动力；另一种是约束力，它是意志在理解世界只不过是意志自身之后，意志所要求的一种力量。

《叔本华论说文集》575—576 页

性格是天赋的、与生俱来的，也就是说，它根源于同一种永恒性之中。

《叔本华论说文集》582 页

性格决定着我们的生命，这种决定比我们想象的要多得多。至于说，每个人都是他自己命运的建筑师，这句话只是在一定限度上才是正确的。

《叔本华论说文集》574 页

只要我们回首往事，我们将会立即发现，我们生命的种种变化仅仅是由同一主题及我们的性格所构成的，仿佛就像同一首主旋律贯穿在整个乐曲中一样。

《叔本华论说文集》575 页

五、价值

只有自身有价值的人，才会了解他人的优劣所在。

《生存空虚说》193 页

一个人要自觉自愿地承认别人的价值，尊重别人的价值，根本就得自己有自己的价值。

《作为意志和表象的世界》325 页

每个人生活、生存是为了自己；同时，重要地活在他自己之中，他成为什么，他如何生活，对自己比对他人要紧的多，所以假使他在这方面不能得到自己的尊重，在别人眼里他也值不了多少了。

《人生的智慧》74 页

使别人喜欢自己，不论出于什么方式，其目的还是在想得到我们所需要的。

《人生的智慧》8 页

人在自己心目中的价值是集合了造成我们存在和存在领域内一切事物而形成的。

《人生的智慧》39 页

若一个人认识最内在的真正自我，他必然愿意以一身承担生存以及全世界的痛苦。

《爱与生的苦恼》29 页

利己主义者觉得自己被陌生的敌对现象所包围，他全部的希求都寄托在自己的安乐上。

《作为意志和表象的世界》513 页

一个有动机作用的道德训条，它之所以能起作用，只是由于它对人的自爱起了作用。

《爱与生的苦恼》504 页

唯有直接且存于自身的价值才具有绝对的价值，因为此种东西在任何情况中都不会为他人剥夺。

《人生的智慧》73 页

每个人身上所具有的，首先是强烈的自我中心主义，这种自我中心主义以最大的自由突破公理和正义的约束，像日常生活中小规模表示的及历史上各时期大规模表示的一样。

《人生的智慧》105 页

被利己心所俘虏的人，只认识个别的事物，只了解它们与自己的关系，而且它们还是出奇翻新的，经常成为欲望的动机。

《爱与生的苦恼》30 页

六、智慧

智慧和意志相结合，根本不能自己进行活动，若不叫醒意志活动，智慧也昏沉沉地成睡眠状态。

《生存空虚说》163 页

智慧之所以能客观而深刻地理解世界，是在脱离意志（至少是暂时的）的情形下才有之。

《生存空虚说》163 页

智慧对于性格的作用，犹若一个人穿上与平日完全不相同的服装，戴上假发或胡须而改变人的外观一般。

《爱与生的苦恼》76—77 页

我们读到的智慧只有对具有丰厚遗产的人方是好的，对活在光明里的人才是有利的。为自然和命运赋予智慧的人，必急于小心地打开自己内在幸福的源泉，这样他就需要充分的独立自主和闲暇。

《人生的智慧》20 页

智慧脱离意志的羁绊，在自由的对象中翱翔，不被意识所驱策，而又能旺盛地活动，只有这当儿，世界才有勇敢的色彩和形态，才能表示它全体的正当意义。

《生存空虚说》163 页

一个人内在所具备的愈多，求之于他人的愈小——他人能给自己的也愈少。所以，人的智慧益高，益不合群。

《人生的智慧》16 页

人自己真正的决断，智力只能以一种紧张的好奇心消极地静待其出现，正如一个人的智力是这样去看别人的意志的决断一样。

《作为意志和表象的世界》400 页

人们只有彻底研究任何一个个别的事物，要学会完全认识，完全理解这个别的事物的真正的原有本质，才能获得智慧。

《作为意志和表象的世界》190 页

人的智力只在事后从经验上才获悉意志所作出的决定，因此正在选择未定的当时，对于意志将如何决定，智力并无判断的资料。

《作为意志和表象的世界》398 页

七、天才

天才通常是精神力，即敏感性很充沛的人。

《人生的智慧》12 页

天才之所以为天才，是因为感受系统和认识活动的优越，并且，这种异常的状态，必要继续保持一生。

《生存空虚说》85 页

天才在一个时代里直接从生活和这世界中汲取而获得的认识，为别人采掘而处理妥帖的认识，只因为人类的接受能力远赶不上天才的授予能力，所以立刻不能成为人类的财产。

《作为意志和表象的世界》565—566 页

天才的根本条件是感受性非常强烈，这也是男性生理必备的特性，女人可能是有卓越的才干，但永远与天才无缘，因为女人都是主观的。

《生存空虚说》179 页

天才的本质，比起为意志服务而产生的认识能力，更能达成强大的发展。

《生存空虚说》157 页

特殊强烈的想象力是天才的伴侣，天才的条件。

《作为意志和表象的世界》261 页

通过艺术品，天才把他所把握的理念传达于人。

《作为意志和表象的世界》272 页

天才所以超出于一切人之上，只在这种认识方式的更高程度上和持续的长久上，这就使天才得以在认识时保有一种冷静的观照能力，这种观照能力是天才把他如此认识了的东西又在一个别出心裁的作品中复制出来所不可少的。

《作为意志和表象的世界》272 页

"崇高"的宾辞——在某种意义下的真英雄和天才，就是意味着他们的违反自己的天性，不追求自身的事件，不为自己筹谋，而是为全体人类生活之意。

《生存空虚说》170 页

世上命运好的人，无疑是指那些具备天赋才能，有丰富个性的人；这种人的生活，虽然不一定是光辉灿烂的生活，但是最幸福的生活。

《人生的智慧》19 页

从事科学方面的工作固须优秀的天赋才能，但不必具"绝世的天才"，主要是靠兴趣、努力、坚韧不拔的精神，以及幼年起的指导、不断研究、多方练习等。

《爱与生的苦恼》83 页

天才是智慧的自由活动，换言之，是从为意志所用解放出来的智慧的活动；所以天才的创作，没有任何实利目的之副产品，更不能拿实用的标准来衡量。

《生存空虚说》174 页

美和实利是不容易结合的，高大而美丽的树不结果实，果实都是生在丑而矮小的树上；庭院盛开的玫瑰也不结果实，而那小而几乎没有香气的野生蔷薇，却可以结果实；美轮美奂的建筑物并不实用，琼楼玉宇并不适于居住。具有高贵的精神天赋，若勉强他们做适于最平庸的人所做的工作，那就像把雕饰华美的贵重花瓶当作茶壶使用一般，天才和注重实用的人相比较，有如金刚石比之于炼瓦。

《生存空虚说》175 页

一般人智慧所用之处，只局限在自然所指定的场合，也就是理解事物间的相互关系，以及认识个体的意志和事物的关系而已。天才则在为理解事物的客观本质的情形下，才使用自己的智慧，那是违反智慧天分的，所以天才的头脑不属于他自己，而是属于世界，这就是天才在某种意义下，可以启发世界的原因。

《生存空虚说》175 页

主宰凡人的是意欲，天才则重认识。故此，前者之所喜，不是后者之所好；前者引为欢欣的，后者毫无喜悦之感。

《生存空虚说》177 页

庸人是道德的生物，对于世界只是保持个人的关系。而天才在它之上还有纯粹的智慧，这种智慧属于全体人类。天才不适合和凡人共同思考，也就是说不适于和他人交谈，一如天才不喜欢常人，凡人也不欢迎天才者的优越性。

《生存空虚说》177 页

某些事情对天才来说是一种极具意义的冒险，但对凡夫来说，却单调无味、毫无意义。

《人生的智慧》2 页

一个人的认识能力，在普通人是照亮他生活道路的提灯；在天才人物却是普照世界的太阳。

《作为意志和表象的世界》262—263 页

无论是从优点方面或是从缺点方面说，天才和普通人大体上都是相同的。因此，人们自来就把天才所起的作用看作灵感。

《作为意志和表象的世界》263—264 页

天才的本质在于他的"直观认识的完全和强烈"。

《生存空虚说》155 页

"认识"自身没有痛苦，只有快乐，所以它给予天才的是：高而宽的前额和澄澈晶莹的眼睛。那是因为眼睛和前额都不为意志和穷困服务，它们只给天才伟大而超俗的快活。天才所流露出来的这种快活的表情，倒很配合其他部分的忧郁——特别是浮现在嘴边的忧郁。

《生存空虚说》162 页

天才所以伴随忧郁的原因，就一般来观察，那是因为智慧之灯愈明亮，愈能看透"生存意志"的原形，那时才了解我们竟是这一副可怜相，而兴起悲哀之念。

《生存空虚说》172 页

聪明的人首要努力争取的无过于免于痛苦和烦恼的自由，求得安静和闲暇，以过平静和节俭的生活，减少与他人的接触。所以，智者与他的同胞相处了极短的时间后，就会退隐，若他有极高的智慧，他更会选择独居。

《人生的智慧》16 页

天才和一般的所谓"干才"大有区别，干才的特征是他的论证认识的敏捷和尖锐，远比直观的认识力强大，具有这种才能的人思维较常人更敏捷、更正确。天才恰好相反，他们能看到一般人所看不到的一面，这是因为天才的头脑比凡人客观、纯粹、明晰，所以天才能够洞察眼前的世界，进而发现另一面世界。

《生存空虚说》156 页

一个聪明人，就他是精明人来说，当他正是精明的时候，就不是天才；而一个天才的人，就他是天才来说，当他是天才的时候，就不精明。

《作为意志和表象的世界》265 页

天才之投生在某个时代，恰似彗星的运转窜进卫星的轨道，它的路线是完全不规则的，不像后者有一定的轨道。所以，天才不能参与那只存在眼前的、死板板的行政工作。他又像濒死的大将，孤注一掷地把自己的随身武器投向遥远的将来，时代就循此路径缓缓前进。

《生存空虚说》178 页

天才的作品具有永恒的价值，但他们所承认的事情在后世才能被发现；而平碌的人只是和时代共生和共死。

《生存空虚说》169 页

普通人若是三分之一的智慧和三分之二的意志所组成的话，那么天才则是由三分之二的智慧和三分之一的意志构成的。

《生存空虚说》157 页

天赋之才常疏远他人，只因己身所具备的已绰绰有余，不需也不能在他人中得到什么，所以他人引以为乐之事，他只觉得肤浅乏味罢了，相对地，他所觉得快乐的事也就少些。

《人生的智慧》28 页

天才不但要有空想，还要明了各个对象和自己的关联，而认识的泉源——直观世界随时都可供应我们精神的食物，所以空想是天才所不可或缺的道具。

《生存空虚说》159 页

有空想的人，他就有呼唤灵感的力量，所呼出来的灵感在适当的时机，启示他以真理。

《生存空虚说》160 页

没有空想的人和天才比较，就好像附在岩石上等待机会的贝壳，羡慕可以自由活动的动物一样；因为他们除了限于真正的"直观感觉"的东西之外，其他方面的毫无所知。

《生存空虚说》160 页

人的天才是不能随时随刻招之即来的，而一件作品却要一部分一部分地去完成才能圆满地结束整个的工程。

《作为意志和表象的世界》100 页

冷静是当面对事物之时，除事物本身外，任何东西都不放在眼内之谓；因此，冷静的人难生成天才。

《生存空虚说》176 页

实际上，小孩子却是某种程度的天才，天才也是某种程度的小孩子。二者最接近的特点是表现朴素和崇高的纯真，这也是真天才的基本特征，孩子般的天真也是天才的特征之一。

《生存空虚说》184 页

一生之间，若不能像一个某种程度的"大孩子"，总是板着脸孔，了无生趣地埋头苦干，完全沉着理智的人，也许是一个能为世所用的公民，但绝不是天才的材料。

《生存空虚说》185 页

每一个人都有他一度青春的美丽，同样的，每一个人也有他青春智慧的存在，但只有极少数得天独厚的人，才能保持一生；虽是年华老大，还能依稀辨认，这些人才是真美，才是真天才。

《生存空虚说》186 页

上苍对待天才最好的安排是免除其不专擅的工作，而有自由创作的闲暇。

《生存空虚说》178 页

努力愈少，所需之才华和天分便愈多；而这两种品质——努力和天才，无论在内在价值和外来评价上，都无法比较。

《人生的智慧》78 页

天生有充足睿智的人，是最幸福的人，所以主体因素同人的关系，比客观环境更密切；因为不论客观环境是什么，他的影响总是间接的，次要的，且都是以主体为媒介。

《人生的智慧》26 页

天才的生活是孤独的，因为天才原本就是极少数人，所以不容易遇到知己，和常人相处也显得格格不入。

《人生的智慧》177 页

天才内在苦闷是不朽之作源泉，他们有时陷于梦幻似的沉郁，有时又显得激烈的兴奋，和才智正常的人相形之下，后者是多么理智、沉着、平静，并且他们的行为是多么确实和平衡。

《人生的智慧》177 页

天才被认为悲哀的象征，他们的情形，就像整天都被乌云所覆的勃朗峰顶。但忧郁的天才，有时会露出只有他们才能领略的特殊快活，这种快活是由精神最完全的客观化所产生。

《人生的智慧》167 页

天才，迫切需要没有烦扰的自由，他欢迎寂寞，闲暇是他最大的幸福。

《人生的智慧》234 页

天赋的伟大才智是一种个性极为敏锐的活动，对各种痛苦的受容性极高。

《人生的智慧》28 页

八、伟人

伟人的价值，不在他的名声，而是造成他获得声名的原因，而他的快乐在于产生"不可磨灭的种子"。

《生存空虚说》171 页

伟人的幸福不是由于他将遗名后世，而因为他能创造伟大且足以留存万世永远研读的思想。

《人生的智慧》75 页

行为能力卓越的人，除强烈的意志外，也必要有完全或相当分量的智慧，这是一般人所欠缺的。

《人生的智慧》174 页

伟人就是伟大，不凡就是不凡，实无须谦逊。

《人生的智慧》192 页

一个有智慧或天才人物，只要他所处的地位不能高傲而大胆地藐视这个世界时，如果他不为自己的存在求恕的话，便无法为这世界所容。

《人生的智慧》108 页

宇宙中的万事万物，越是优秀，越是高等，他们达致成熟的时间就来得越迟。

《生存率麻说》25 页

不论任何伟人，也往往有以个人为着眼的事情；换言之，也往往有当小人物的时候。任何英雄，在他侍从看来也有表现非英雄本色的时候。如果你以为那些侍从没有评价英雄的能力，那就大错特错了。

《生存空虚说》170 页

不论任何情况之下，"不为自身打算"的精神，都是伟大的；反之，处处为自己着想的人，则是卑微的。

《生存空虚说》169 页

一般伟人所注目的，不论实际上的事物，还是纯理论的，当给予他们活动之际，并不是求一己之私，而是追究客观的目的。他的目的也许会被误解，也许会被视为一种犯罪，但他依然不失其伟大。

《生存空虚说》123 页

痛苦和妄念都以错误的认识为根源。所以欢愉和病苦都不能接近智者，没有什么事故能扰乱智者的"恬静"。

《作为意志和表象的世界》139 页

个子矮，尤其是脖子短的人，最适于脑的活动，因此可以说伟大的思想家，很少是高头大马的，但并不是说，非要矮身材的条件不可。

《生存空虚说》181 页

九、人格

　　一般说来，人是什么比他自己有什么及他人对他的评价是什么更能影响他的幸福。因为个性随时随地伴随着人，并且影响他所有的经验，所以人格——也就是人本身所欲有的一些特质——是我们首先应考虑的问题。

《人性的得失与智慧》77 页

　　人是什么？所欲有的特质是什么？用两个字来说，就是人格。人格所具备的一切特质是人的幸福与快乐最根本和直接的影响因素。

《人性的得失与智慧》77 页

　　平常的一般人所热切关心的事，是那些会刺激他们意志，也就是与个人利害相关的事情。然而，经常的刺激意志起码不是一件纯粹的乐事，其中也混杂着痛苦。

《人性的得失与智慧》88 页

　　一般人将其一生幸福，寄托于外界事物上，或是财产、地位、爱妻和子女，或是朋友、社会等等，一旦失去了他们，或是他们令他失望，他的幸福根基也就毁坏了。换句话说，他的重心随着每个欲念和幻想改变位置，而不把重心放在自己身上。

《人性的得失与智慧》91 页

　　愉快而喜悦的人是幸福的，而他之所以如此，只因其个人的本性就是愉快而喜悦的。这种美好的品格可以弥补因其他一切幸福的丧失所生的遗憾。

《人性的得失与智慧》78 页

我们要知道每人能为他人所做的事情，本来有限，到头来，任何人都是孤立的；要紧的是，知道那孤立的不是别人，而是自己。

《人性的得失与智慧》85 页

内心本有忧郁倾向的人若又得精神病或消化器官不良症，那么因为长期的身体不舒适，忧郁便转成为对生命的厌倦。

《人性的得失与智慧》81 页

在这些内在的品格里，使人最能带来直接快乐的莫过于"愉悦健全的精神"，因为美好的品格自身便是一种幸福。

《人性的得失与智慧》78 页

人要活得独立自主和闲暇，必须自愿节制欲望，随时养神养性，更须不受世俗喜好和外在世界的束缚，这样人就不致为了功名利禄，或为了博取同胞的喜爱和欢呼，而牺牲了自己来屈就世俗低下的欲望和趣味。

《人性的得失与智慧》87 页

我们的精神力是怡情呈现出来的诸种样态，因之充足的怡情，使我们可以获致某种与精神有关的快乐，所谓"睿智的快乐"是也，怡情愈占优势，此类快乐也就更大。

《人性的得失与智慧》89 页

十、道德本能

出于本能的行为不同于任何其他行为。在出于本能的行为中，关于行为对象的认识并不先于行为，而是跟随其后。

《叔本华论说文集》583 页

我们可能对行为所指的对象一无所知，而这种无知对于达到它是必要的。

《叔本华论说文集》583 页

本能，或者说某种对象借以促使感性生活被获得的规则，虽然这种生活于人是未知的。

《叔本华论说文集》583 页

道德律，或者说是某种规则，借此可产生一种行为，而无需任何对象。

《叔本华论说文集》583 页

在良知与理性的任何冲突中，假如个体判定理性获胜，即使是理论理性，他也成了一个目光短浅、卖弄学问的庸人；如果是实践理性，他则成了一个恶棍。假如个体判定良知获胜，我们则无法对他作出进一步明确断言，假如我们这样做了，我们就会在理性的范围内发现我们自己；因为，我们所能言说的，只是在这个范围内所发生的一切，据此，我们无法言说良知，除了以否定的形式。

《叔本华论说文集》584 页

假如我决定向某人采取报复行动，且机会来临时，良知会表现为爱心和仁慈并发出忠告，于是我会接受忠告而放弃罪恶的决定。

《叔本华论说文集》587 页

十一、自由意志

唯有存在的自由另有一种形而上学的品格。在物理的世界中，自由是不可能的。

《叔本华论说文集》557 页

尽管我们各自的行为一点也不自由，但每一个人的个体品格要被看作一种自由行为。

《叔本华论说文集》557 页

就人的性格而言，它只是合理选择和深思熟虑的产物；也就是说，在一切行动中，理智根本不做别的，仅仅表现为意志的动机。

《叔本华论说文集》566 页

道德自由概念与独创性概念是不可分割的。我们不能想象，一个人在意愿和行为是自由的同时，被说成是另一个人的制造品。

《叔本华论说文集》568 页

从根本上讲，榜样发挥作用，既能压抑人，也能鼓励人。当一个人决定放弃他想干的事情时，这就是前者的作用。

《叔本华论说文集》569 页

一个人的个体性并不仅仅依赖于个体化的原则；并且，就其本性而言，它完全不是现象的。而是相反，它只根源于自在之物，根源于构成每个个体本质的自由意志。

《叔本华论说文集》558 页

就道德性而言，榜样如同说教一样，它们确实可以促进文明或法律的改良，但严格地讲，这种改良并非内在的向善，而仅仅是某种道德的改良。

《叔本华论说文集》571 页

事实上，我们的确发现，绝大多数人的指路明星都是以其他人为榜样的。在他们全部的生命旅程中，不论大事还是小事，最终的结果仅仅是单纯的模仿。哪怕在最微不足道的琐事上，他们也不是根据自己的判断行事的。

《叔本华论说文集》570 页

模仿和习惯，几乎是人类一切行为的根源。由此就导致了，人失去了全部的和各种各类的反思，失去了对他们自己的辨别力的正确信任。与此同时，人的这种极为强烈的、内在的模仿本能，恰好证明人类与猿类的亲缘关系。

《叔本华论说文集》570 页

意志本身，就其体现在一个个体身上而言，构成了这个个体原初的和基本的欲求；并且，它独立于一切知识，因为它是先在于这种知识的。从知识中所认识的一切，只是一系列的动机；通过这些动机，意志连续不断地展现其本性，使其自身成为可知的或可见的。

《叔本华论说文集》557 页

令人感到惊叹的是，一个人的个性（也就是说，它是一定的品质与一定的理智的结合）如此精确地决定了他的全部的行为和思想，乃至决定了他大多数极不重要的细枝末节；它好像一种染料，深深地渗进每个人的内部。

《叔本华论说文集》561 页

在任何给定的情况下，一个人为何不能按他应该做的那样去行动，为何在当时总是表现出他要么缺乏决断或忍耐，要么缺乏勇气或某些其他应当具有的品质；这些再也清楚不过地表明，人的不可动摇的性格禀赋是人一切行为的逻辑必然性。

《叔本华论说文集》563 页

在某种确定的情况下，根据我们对一个人的性格以及他将会受其影响的外部环境的真实而准确的了解，我们就可以预先得知他将要做什么。这就好比一叶知秋、窥一斑而知全豹。

《叔本华论说文集》563 页

试图通过道德自由概念在难以融合的两端之间架起一座桥梁，完全是徒劳无功的，其结果总是要垮掉的。

《叔本华论说文集》568 页

自由的一定也是原初的。倘若我们的意志是自由的，那么我们的意志一定也是原初的要素，反之亦然。

《叔本华论说文集》568 页

一般讲来，榜样作为一种工具，既能够促进性格中善的品质，又可以助长性格中恶的品质；但是，榜样绝不会创造这些品质。正如塞涅卡的一句格言所说：意志绝不是后天习得的。

《叔本华论说文集》571 页

唯有意志，才是道德所要关心的。不论外部力量能够阻碍还是不能阻碍意志的践履，均是无关紧要的。

《叔本华论说文集》597 页

对于道德来说，外部世界只是在它能够或者不能够引导和影响意志的情况下，才是真实的。也就是说，一旦意志做出决断，或一旦某种决断得以实行，那么外部世界及其事件也就不再具有意义，从实践上也就不存在了。

《叔本华论说文集》597—598 页

十二、伦理反思

伦理学要求：由于正义对我们施加的影响，我们对其他人的义务是什么？换句话说，什么是我必须承担的？

《叔本华论说文集》598 页

绝大多数人的卑下性格驱使极少数具有优点和天分的人循规蹈矩，

仿佛这些人不知道自身的价值，因而也不了解他人的价值需要。

《叔本华论说文集》592 页

谦虚在一定程度上是一种虚伪，它之所以得到宽恕，仅因为绝大多数人如此卑下，以致这些人的这种虚伪得到纵容而变得更加放肆。

《叔本华论说文集》592 页

恰如市民荣誉——或认为我们应该受到信任——是那些致力于世界上高尚事业的人的保护神一样，骑士荣誉——即认为我是令人敬畏之人——是那些以行暴力为人生目的的人的保护神，所以，骑士荣誉产生于强盗骑士和中世纪其他强盗之中。

《叔本华论说文集》589 页

理论哲学家是这样一种人，他能够为理性提供观念的形式，即一种经验的摹本。正如：画家能将其所见，再现于画布上；雕刻师能在大理石上塑造栩栩如生的形象；诗人能以图画似的叙述，表现其丰富的想象，虽然他所提供的这些叙述只是在传播孕育它们的观念。

《叔本华论说文集》590 页

理论哲学家将生活转变为观念，实践哲学家则将观念转化为生活。因此，他以一种完全理性化的方式行动；他言行一致，首尾一贯，深思熟虑；他从不草率行事或喜怒无常；他从不为一时的情欲所左右。

《叔本华论说文集》590 页

据说，历史学家是颠倒的预言家。同样也可以说，法律教授是颠倒的道德学家（即教授公正义务的教师），或者说，政治学是颠倒的伦理学——在这种情况下，我们则要清除这种思想，即伦理学也是教授仁慈、高尚、博爱等义务的学问。

《叔本华论说文集》599 页

人应当通过自己的所作所为，并通过对这些所作所为的厌弃来反省自己。

《叔本华论说文集》599 页

我所能够做的，只是每个人为了捍卫自己的生存而必须要做的，只是每个人为了证实自己的存在而必须要做的，这样做的目的是为了自己得到同样公正的对待。

《叔本华论说文集》598 页

道德是否真实存在的问题，实际上也就是有充分根据的反个人主义原则是否真实存在的问题。

《叔本华论说文集》596 页

性格是与生俱来的，行为只是性格的外部表现。人们想干大恶事的机会是很少的，因为相反的动机会阻止我们去作恶。

《叔本华论说文集》596 页

一个人在生活中应当有无尽的宽容和博大的胸襟。因为，倘若他纵情使性、反复无常，拒绝原谅每一个曾经对他使用过卑鄙、恶毒伎俩的小人，那么，他也就与高尚无缘，而与卑下为伍了。

《叔本华论说文集》594 页

荣誉原则与人类自由密切相关，然而实际上它只是自由的一种滥用。

《叔本华论说文集》588 页

根据康德的观点，经验的真理只是一种悬设的真理。假如先于全部经验表象的前提条件——主体、对象、时间、空间以及因果关系——不复存在，那么，这些经验表象也就不再包含任何真理。换言之，经验只是一种现象，它不是关于物自体的知识。

《叔本华论说文集》590 页

假如我们在自己的行为举止中发现某些令我们暗自满意的东西，我们虽然不能将它与经验联系起来，但会明白，若听从经验的指导，必定会做出与之截然相反的事来，我们不可让自己陷入窘境。

《叔本华论说文集》590—591 页

在古人看来，友谊是道德中最为主要的部分之一。但是，友谊也有限制性和片面性。也就是说，它限定了一个个体对什么是整个人类的权益的认识，限定了他对个人自身本性与整个人类本性的同一性的认识。

《叔本华论说文集》594—595 页

意志高于并超越于时间，才导致道德良心的刺激是根深蒂固的，而不像其他感官的刺痛，可以随时间的推移而逐步消除。

《叔本华论说文集》596 页

己所不欲，勿施于人。因为，一个囚徒也会对法官承认这条真理。

《叔本华论说文集》596 页

直觉和知识，既可获得，亦可再次失去；既可变化、增加，亦可完全毁灭。但是，意志永远是不能改变的。

《叔本华论说文集》594 页

一个人不应当只与某一个人为友，而应当与天下为友。显然，这才是我们主张人们应当坚持的那种真正的友谊，只有这种友谊才能得到所有人的真诚回报，而不在乎他已经做了什么。

《叔本华论说文集》594 页

无所畏惧的气概产生于称作善良本性的同一源泉。我的意思是说，本性善良的人总是清醒地意识到，他生活于其他个体之中，正如生活于自身之中一样。

《叔本华论说文集》571 页

谎言总是有其根源的，即意欲在其他个体之上来扩张一个人自己的意志的疆域，并且为了更好地确立自己的意志而拒斥他人的意志。

《叔本华论说文集》580 页

道德规律完全是有条件的，这一点是千真万确的。存在一个世界，也就存在一种既非正确合法，也非富有意义的生命观点。确切地说，这个世界，也就是我们每个人作为个体生活于其中的世界。

《叔本华论说文集》588 页

任何一种道德考虑，既是对这个世界的否定，也是对生活于其中的我们个体生命的否定。

《叔本华论说文集》588 页

直言命令，或绝对命令，本身是一个矛盾。任何一种命令都是相对的、有条件的。无条件的和必然的命令只是一个必须，自然规律就是这样。

《叔本华论说文集》569 页

人的主要的与基本的动机和动物一样，是利己主义，亦即迫切需要生存、而且要在最好环境中生存的冲动。

《人生的智慧》354 页

第三部分　求索篇

一、科学

科学之所以为科学的完美性，也即是从形式方面来说，是在于尽可能的多有一些命题间的从属关系，尽可能少一些平行关系。

《作为意志和表象的世界》106 页

科学有所不同于通俗常识的，只是科学的形式是有条理的系统，是由于以概念的分层部署为手段而概括一切特殊为一般所得来的知识之简易化，于是而获致的知识之完整性。

《作为意志和表象的世界》248 页

个别现象的研究属于干才的范围，并且往往只以事物相互间的关系为其学术研究的对象，实用科学即属此。

《生存空虚说》161 页

一切知识，也即是上升为抽象意识的认识，和科学的关系等于片段和整个的关系。

《作为意志和表象的世界》104 页

非科学的知识就如一个医生，他虽知道什么病要用什么药，但却不认识两者之间的关系一样。

《作为意志和表象的世界》115 页

至于一切科学的内容，根本看来，事实上无非都是世间各现象的相互关系；是既符合根据律，又是在唯有根据律能使"为什么"有效力，有意义这条线索上的相互关系。

《作为意志和表象的世界》128 页

没有一种科学是彻头彻尾都可以证明的，好比一座建筑物不可能悬空吊起一样。科学的一切证明必须还原到一个直观，也就是不能再证明的事物。

《作为意志和表象的世界》109 页

二、真理

真理几乎经常是从后门溜进来的，因为它是由于偶然从某一附带情况中产生的。

《作为意志和表象的世界》115 页

赤裸裸的现实中，真理毕竟是很薄弱的，可说只有一丝丝而已，并且大都是在不适当的时机表现。

《生存空虚说》160 页

我与生俱来的天职就是彻底去探求真理，发现真相，找出事实的必然性结论。

《爱与生的苦恼》22 页

三、哲学

哲学实在是最有势力的学问，然而它的发挥作用是很缓慢的。

《生存空虚说》63 页

哲学将是世界在抽象概念中的一个完整的复制，好比明镜中的反映作用似的。

《作为意志和表象的世界》131 页

哲学必须是关于整个世界的本质的一个抽象陈述，既关于世界的全部，又关于其中的一切部分。

《作为意志和表象的世界》131 页

哲学有一个特点：它不假定任何东西为已知，而是认一切为同样的陌生都是问题；不仅现象间的关系是问题，现象的本身也是问题，根据律本身也是问题。

《作为意志和表象的世界》130 页

区别哲学家的真伪，就在于此：真正的哲学家，他的疑难是从观察世界产生的；冒牌哲学家则是相反，他的疑难是从一本书中，从一个现成体系中产生的。

《作为意志和表象的世界》65 页

人所以成为一个哲学家，总是由于他自求解脱一种疑难。

《作为意志和表象的世界》65 页

许多人想把历史看作哲学的一部分，其实是想把历史和哲学相混，他们认为历史可以代替哲学，我反对这种看法，我觉得这是可笑而荒谬的。

《人性的得失与智慧》25 节 365 页

事实上，很显然的，这种与希腊哲学精神毫不相关的抽象哲学观点以及证明这观点的许多经验事实，在关于赛克的美丽传说中，应拥有确切的寓言意义。

《人性的得失与智慧》25 节 365 页

在没有受过哲学训练的人们中——包括所有不曾研究过康德哲学的人，外国人——同样，在今天许多德国物理学家及其他专家间，仍然存在着古老的、根本错误的心物对立观念，因为他们还是用自己的一套看法来从事哲学思维。

《人性的得失与智慧》25 节 357 页

从事哲学思想的两个主要必需条件是：第一，必须有勇气面对任何问题；第二，对于任何当然的事物具有清晰的认识，从而可以把它当作问题。最后，如果真要从事哲学思想，我们的心灵，还要真正地解脱，不应追求特殊的目标或目的，从而不受意志的引诱，完全致力于知觉世界及其自身意识所传达的信息。

《人性的得失与智慧》278 页

哲学有一个古怪而没有价值的定义，认为它是一种只含有概念的科学，甚至康德也这样说。因为任何一个概念的全部性质，没有别的，只是从知觉知识而来的东西，这是一切知识的真正而无穷的根源。

《人性的得失与智慧》278—279 页

真正的哲学不能只从抽象概念构成，应该基于内在和外在的观察和经验。

《人性的得失与智慧》108 页

哲学中任何有价值的东西，不是因综合实验与概念而来，像过去哲学所从事的一样，尤其是我们这个时代的诡辩家所从事的一样——所谓我们这个时代的诡辩家，是指费希特、谢林，尤其是黑格尔，以及伦理学方面的施勒马赫。

《人性的得失与智慧》279 页

正如艺术和诗歌一样，哲学的根源也应该是对现实世界的知觉的理解：不论头脑在哲学事业中如何地应该占住主要地位，然而，哲学也不应成为冷酷的事业，应该把整个的人，包括感情和理智，都投进去，使整个人都受到影响。

《人性的得失与智慧》279 页

诗人以生活和人类性格以及人类处境中的形象表现想象，他使这些形象生动化，并让观赏者的思想尽可能地为这些形象所占住。这就是为什么诗人能够吸引一切贤愚不等的各种人的缘故。相反的，哲学家所表现的，不是生活本身，而是从生活中抽象出来的思想。

《人性的得失与智慧》270 页

作为一个哲学家，不必徒然追求在时间中流逝的诸现象，而应努力于探究诸种行为的道德意义，从这里才能获得衡量重大事项的唯一尺度。

《爱与生的苦恼》35 页

在争论中，独断论和怀疑论相互对峙，前者一会儿以实在论，一会儿又以唯心论出现。

《作为意志和表象的世界》39 页

唯物论基本的荒唐之处就在于从客体事物出发，在于以一种客体事物为说明的最后根据。

《作为意志和表象的世界》58 页

唯物论者就好比闵希豪森男爵一样，① 骑着马在水里游泳，用腿夹着马，而自己却揪住搭在额前的辫子，想连人带马扯出水来。

《作为意志和表象的世界》58 页

四、理性

一个具有理知的人在完全孤独的时候沉浸于自己的思想与遐思中，其乐也无穷。

《人生的智慧》5 页

理性不过是把别的方面接受来的东西又提到认识之前，所以它并不是真正扩大了我们的认识，只是赋予这认识另外一个形式罢了。

---

① 闵希豪森男爵：被称为"扯谎的男爵"，著有冒险故事集，主角皆用第一人称，以夸张至荒唐程度著称于世。

《作为意志和表象的世界》93 页

理性的推理只能防止谬误；而谬误就是没有充分根据的判断。

《作为意志和表象的世界》55 页

理念好比一个有生命的、发展着的、拥有繁殖力的有机体，这有机体所产生出来的都是原先没有装进里面去的东西。

《作为意志和表象的世界》26 页

具有常乐的特殊个性人士，他拥有高度的理智，别人所追求的那些快乐，对他来说是多余的，甚至是一种负担和困扰。

《人生的智慧》35 页

凡是有理性的人，只要不认为本身是起源，而能超越时间去思索，就会了解自己是不灭的。反之，认为自己是从无中产生出来的人，势必也要以为自己会再回到乌有中去。

《爱与生的苦恼》173 页

概念在地球上只为人类所专有。这使人异于动物的能力，达到概念的能力，自来就被称为理性。

《作为意志和表象的世界》30 页

理性的本性是女性的，它只能在有所取之后，才能有所予。

《作为意志和表象的世界》89 页

从概念产生出来的东西，只能算是"干才的作品"，只不过是理性的思想和模仿，或者是以前人的需要为目标。

《生存空虚说》159 页

粗鲁是比任何论证都好的一种论证，它可完全使理智无光。

《人生的智慧》59 页

属于理性的抽象概念只能为接收、固定、联系那直接所理解的东西服务，决不能直接产生"理解"自身。

《作为意志和表象的世界》56 页

缺乏悟性叫作痴呆；而在实践上缺乏理性的运用，往后我们就把它叫作愚蠢；缺乏判断力叫作头脑简单。

《作为意志和表象的世界》53 页

在一些可能的抉择中，一般是理性上有远见的考虑会要为某一决心多说些帮衬的话，而直接的嗜欲好恶又要为另一决心多说些好话。

《作为意志和表象的世界》399 页

五、历史

历史是追踪大事的那根线索前进的。如果历史是按动机率来引申这些大事的，那么，在这范围内历史是实践性的。

《作为意志和表象的世界》257 页

我们应承认在诗里比在历史里有着更多真正的、道地的内在真实性，这是因为历史学家必须严格地按生活来追述个别情况，看这情节在时间上，在原因和结果多方交错的锁链中是如何发展的。可是他不可能占有这里必要的一切材料，不可能看到了一切，调查了一切。

《作为意志和表象的世界》340 页

严格说来，历史虽是一种知识，却不是一门科学。

《作为意志和表象的世界》106 页

所有的传记都是一部一部"苦恼史"，是大小灾难的连续记录，一般人所以会尽可能隐藏它，是因为他们了解，别人绝少会对它有感情、同情和怜悯，反而因为自己得以免除那些痛苦而暗自庆幸。

《爱与生的苦恼》114—115 页

就认识人的本质来说，我甚至不得不承认传记，尤其是自传，比正规的历史更有价值，至少是以习惯的方式写成的历史比不上的。

《作为意志和表象的世界》342 页

六、意志

意志是第一性的，最原始的；认识只是后来附加的，是作为意志现象的工具而隶属于意志现象的。

《作为意志和表象的世界》401 页

左右人类一切的，通常都是人的意志。

《爱与生的苦恼》117 页

意志作为它自身是自由的。

《作为意志和表象的世界》393 页

意志自身在本质上是没有一切目的、一切止境的，它是一个无穷追求。

《作为意志和表象的世界》235 页

意志唯一的自我认识总的说来就是总的表象，就是整个直观世界。

《作为意志和表象的世界》236 页

每一个人只要闭目内省，就会知道自己的存在原是永无休止地受着意志的支配与奴役。

《人生的智慧》80 页

智慧虽是意志的产物，但它与意志却站在对立及旁观者的地位；不过，它所认识的只是某一段时间中之经验的、片段的、属于连续性刺激和行动中的意志而已。

《爱与生的苦恼》180 页

我们所称的苦恼，就是意志和一时性的目标之间有了障碍，使意志无法称心如意；反之，所谓满足、健康或幸福，即为意志达到它的目标。

《爱与生的苦恼》96 页

意志并不必要完全受认识的引导，只要在其本源性中决定的话，在自然的表象世界中，即可客观化。

《爱与生的苦恼》65—66 页

意志这东西，在世界的大舞台中，可把它比之为一大串穿在木偶上而使木偶活动的铁线，凡人就像木偶，他们一生之所以枯燥无味，所以严肃又认真，就是为了这点。

《生存空虚说》171—172 页

"生存的意志"的最后终结是"虚无"，而表现在纯粹"现象"之中，同时，此虚无又是停止在"生存意志"的内部，而在"意志"之上放置其基础。

《生存空虚说》98 页

智慧和利爪锐齿一样，不外是为意志所用的道具。

《生存空虚说》188 页

在睡眠中，头脑获得补偿，而意志却不需要任何食物；因此，用脑的人，所需的睡眠最多。

《作为意志和表象的世界》424 页

智力会疲乏，而意志则否；智力需要睡眠，而意志即使在睡眠中仍继续工作。疲倦——犹如疼痛——是存在于脑髓中，所以不与大脑相连的筋肉，则永不疲倦。

《作为意志和表象的世界》130 页

平常的一般人所热切关心的事情，是那些会刺激他们意志，也就是与个人利害相关的事情。然而，经常的刺激意志起码不是一件纯粹的乐事，其中仍混杂着痛苦。

《人生的智慧》22 页

凡在神志健全的场合，使良心感到负担的是人的所作所为，而不是愿望和想念，只有我们的所作所为才把一面反映我们意志的镜子高举在我们面前。

《作为意志和表象的世界》412 页

智力不能决定意志本身，因为意志本身，完全不是智力所能达到的，甚至不是智力所能探讨的。

《作为意志和表象的世界》400 页

人类一切形上的、不灭的、永恒的东西，皆存在于意志之中。

《爱与生的苦恼》178 页

所谓狡狯的头脑，就是意志时时刻刻都清醒着——他们意欲的活动力非常旺盛。但是这样的头脑，不能把握事物纯客观的本质。

《生存空虚说》163 页

一个人能直接体悟的，就是我们自己的观念、感受和意欲，外在世界的影响也不过促使我们体悟自己的观念、感受和意欲。

《人生的智慧》2 页

事物的存在或发生，仅存于我们的意识中，且只是为意识而存在，人的意识素质是人的最重要的事物。

《人生的智慧》3 页

在我们生命力量所唯一能成就的事物，必不过是尽力地发挥我们可能具有的个人品质，且只有依我们的意志的作用来跟随这些追求，寻找一种完满性，承认可以使我们完满的事物，和避免那些使我们不能完满的事物。

《人生的智慧》6 页

世上才智有限的人易生厌倦，因为他们的才智不是独立，仅用来做施行意志力的工具，以满足自己的动机。他们若没有特殊动机，则意志无所求，才智便也休息了，因为才智与意志都须外物来发动。

《人生的智慧》17 页

七、谬误

谬误作为理性的蒙蔽，与真理相对；假象作为悟性的蒙蔽，与实在相对。

《作为意志和表象的世界》53 页

谬误和假象完全是类似的，两者都是从结论到根据的推论。

《作为意志和表象的世界》127 页

如果是人的智力，人的知识使人类成为地球上的主宰，那么就没有什么无害的谬误；如果是那些尊严的神圣的谬误，就更不是无害的了。

《作为意志和表象的世界》69 页

不论某个人是如何的恶劣与愚昧，一旦他以粗鲁来作买卖，他的一切错误也就合法化而可原谅了。

《人生的智慧》59 页

在抽象的表象中，谬误可以支配几个世纪，可以把它坚实如铁的枷锁套上整个民族，可以窒息人类最高贵的冲动；而由于它的奴隶们，被它蒙蔽的人们，甚至还可以给那些蒙蔽不了的人们带上镣铐。

《作为意志和表象的世界》69 页

凡是一种大规模的、故意有计划地造成而后来又普遍地被称许的谬误，既可以涉及生活，也可以涉及科学，大致总可阻在当时有权威的哲学中找到他的根据。

《作为意志和表象的世界》116 页

八、思考

不管你知识如何的渊博，如若不能反复思考咀嚼消化的话，它的价值，远逊于那些所知不多但能予以深思熟虑的知识。

《生存空虚说》41 页

思考时，必须要对思考的对象发生"兴趣"，不断地刺激它，并且要持之久远不可懈怠。

《生存空虚说》42 页

某种事情的思索，如一切的外在机缘和内在气氛都很调和，它自然地就涌出来。唯其如此，思想绝不是他们本来就有的东西。

《生存空虚说》48 页

一般的"书籍哲学家"，如同历史的研究者、自己思考的人，犹如事实的目击者。

《生存空虚说》47 页

对于爱思考的人来说，此世界实不乏有价值的思想，但这些思想中，能够产生反跳或反射作用力量的，也就是说，此思想著述成书后能引起读者共鸣的，却不多见。

《生存空虚说》53 页

精神的真正健全是要能够完全地回想。

《生存空虚说》100 页

如果世界充满着真正思考的人，我想，大概不会容许有那么多形形色色的噪音吧！然而，社会每一角落却充斥着令人心惊肉跳和毫无目的的噪音。

《生存空虚说》54 页

经验和读书一样，不能替代思考。纯粹的经验和思考间的关系，如同食物之对于消化。如果"经验"自夸地说，由于它的发现，才能促进人智的发展，这就像嘴巴自夸身体的存续完全由于它的工作一样的可笑。

《生存空虚说》50 页

经阅读后所了解的思想，好像考古学家从化石来推断上古植物一样，是各凭所据；从自己心中所涌出的思想，则犹似面对着盛开的花朵来研究植物一样，科学而客观。

《生存空虚说》43 页

一切伪装的假情假意都是思索的产物，但是不能继续持久而不露破绽。

《作为意志和表象的世界》98—99 页

不论昼夜，不管有没有人咨询，人的耳朵始终是开着的，那是为了便于向我们报告"迫害者的接近"。

《生存空虚说》54 页

即使最美好的思想，如果不即时把它写下来，恐怕就此一去不回头，想找也找不到了。

《生存空虚说》52 页

在思想的世界中，只有精神，没有肉体，也没有重力的法则，更不会为穷困所苦。所以，有优美丰饶心灵的人，在灵思来临的一刹那所得到的启示，其乐趣绝非俗世所能比拟。

《生存空虚说》52 页

真正思索的人，在精神王国中，等于一国的君王，具有至高无上的权威，他的判断如同君主的圣谕，他的话就是权威——君主是不接受他人的命令，也不认识其他的权威。

《生存空虚说》51 页

严格说来，有他本身根本思想的人，才有真理和生命，为什么呢？因为我们只有对自己的根本思想，才能真正彻底地理解，从书中阅读别人的思想，只是捡拾他人的牙慧或残渣而已。

《生存空虚说》43 页

读书而不加以思考，决不会有心得，即使稍有印象，也浅薄而不生根，大抵在不久后又会淡忘丧失。

《生存空虚说》56 页

九、读书

读书不过是自己思考的代用物而已。

《生存空虚说》43 页

没有别的事情能比读古人的名著更能给我们精神上的快乐。

《生存空虚说》63 页

我们读书时，是别人在代替我们思想，我们只不过重复他的思想活动的过程而已。

《生存空虚说》55 页

读书愈多，或整天沉浸于读书的人，虽然可借以休养精神，但他的思维能力必将渐次丧失，此犹如时常骑马的人步行能力必定较差，道理相同。

《生存空虚说》56 页

高级的精神文化，往往会使我们渐渐达到另一种境地，从此可不必再依赖他人以寻求乐趣，书中自有无穷之乐。

《生存空虚说》62 页

所谓"学者"是指那些成天研究书本的人；思想家、发明家、天才以及其他人类的"恩人"，则是直接去读"宇宙万物"。

《生存空虚说》43 页

任你再好的头脑，并不是所有的时间都是适于思考的。因此，我们最好能利用思索以外的时间来读书。

《生存空虚说》49 页

我们不必要读太多的书，如若不然，精神习惯于代用物，将会忘却事物的本身；总是踏着人家既经开拓的道路，而忘却行走自己的思考道路。

《生存空虚说》49—50 页

读书是意味着，利用别人的头脑来取代自己的头脑。

《生存空虚说》45 页

我们读书之前应谨记"决不滥读"的原则，不滥读有方法可循，就是不论何时凡为大多数读者所欢迎的书，切勿贸然拿来读。

《摩存空虚说》59 页

凡是觉得自己有坚定的智能和正确的判断力，可是却缺乏高度心知能力的人，就不要畏惧苦读，因为凭它的帮助你可以提升自己于一般仅知其所见的大众之上，而获得只有博学的苦役方可接近的隐避所在。

《人生的智慧》78—79 页

读书越多，留存在脑中的东西越少，两者适成反比；读书多，他的脑海就像一块密密麻麻、重重叠叠、涂抹再涂抹的黑板一样。

《生存空虚说》56 页

食物虽能滋养身体，但若吃得过多，则反而伤胃乃至全身；我们的"精神食粮"如太多，也是无益而有害的。

《生存空虚说》56 页

被记录在纸上的思想，不过是像在沙上行走者的足迹而已，我们也许能看到他所走过的路径；如果我们想要知道他在路上看见些什么，则必须用我们自己的眼睛。

《生存空虚说》56 页

一条弹簧如久受外物的压迫，会失去弹性；我们的精神也是一样，如常受别人的思想的压力，也会失去其弹性。

《生存空虚说》56 页

无知只有伴随着豪门才会贬低人的身价。穷人为贫困和需要所迫，劳作取代了思想，并占有了知识的地盘。但无知的阔佬，则无异于荒原的野兽，正如我们每天见到的那样，仅仅为着无尽的贪欲而活着，对于能给他们带来极大价值的闲暇与财富，他们不擅使用，因而为人所指。

《叔本华论说文集》269 页

至于阅读，则要求一个人记住他所读过的每一本书，这就如同要求他消化已经吃下去的所有食物一样。

《叔本华论说文集》362 页

倘若一个人希望阅读一些优秀作品，他就必须毫不犹豫地舍弃那些低劣的作品；因为时光飞逝，人生短暂，况且人的能力又是如此有限。

《叔本华论说文集》362 页

假如，阅读历史学书籍无助于一个人的思想，那么，在我看来，历史学就只是一些相似事物的不断重复而已。这就像那些相同的玻璃碎片在万花筒里映现的图案一样，如果不设法使它不断变化组合方式，我们就既不能体验到变化莫测的乐趣，也无法对之加以品评。

《叔本华论说文集》357—358 页

像地层中一层一层地保留着古代生物的遗骸一样，我们图书馆的书架上也一层一层地保留着过去的错误及其对错误所作的解释；像古生物的遗骸一样，这些错误及对错误所作的解释，曾经是非常生动的，对它们所在的时代也产生过很大的骚动；可是，现在僵化了，只有古生物学家和考古学家才会重视它们。

《人性的得失与智慧》24 节 354—355 页

我希望有人完成一部悲剧性的文学史，说明那些给生育他们的国家和民族带来自豪的作家与艺术家，在生前是怎样受到"礼遇"的。

《叔本华论说文集》276—277 页

我相信，所谓的文学是绝不会在有思想的人之中找到市场，因为他们知道自己的价值，意识到真正知识的价值。

《叔本华论说文集》276 页

温故而知新。任何有价值的书都应当立刻通读两遍。一方面因为在第二次阅读中，书中各部分的关联才能得到恰如其分的把握，并且，只有了解了结尾才能真正领会开头；另一方面也因为我们并不是以同样的心情和倾向来进行这两次阅读的。

《叔本华论说文集》362 页

人们与其拿了解别人是如何运用他们的理性这样的问题来麻烦自己，还不如自己运用自己的理性。

《叔本华论说文集》276 页

利用一切空闲时间读书而置其他一切于不顾，这甚至比连续性的体力劳动还要麻痹我们的心智，体力劳动至少还可以让人边劳动边思想。始终被外力拉开的弹簧最终会失去其弹性，同样，如若别人的思想不断地压迫着我们的心灵，那么我们的精神便会倍觉劳顿。

《叔本华论说文集》269 页

如果你有时间读好书，那么，买好书将是一件好事情。可是，通常，总是把买书误认为得到了书中的宝藏。

《人性的得失与智慧》24 节 355 页

十、自由

绝对的自由是不必依循任何必然性原理的，然亦唯有作为物自体的意志，才能取得这种自由的。

《爱与生的苦恼》91 页

必然性是大自然的王国，自由是天惠的王国。

《作为意志和表象的世界》554 页

如果我们仔细考察的话，这一概念是一个消极的概念。通过这一概念，我们想到的只是一切障碍的消除；而相反，在这一切障碍表现力量的时候，它们必然是积极的。自由的概念，相应于这一切障碍可能具有的性质，可以分为三种完全不同的类型：自然的自由、智力的自由和道德的自由。

《人生的智慧》220 页

自然的自由就是各种物质障碍的不存在。由此我们可以说：自由的天空，自由的眺望，自由的空气，自由的田野，自由的场所，自由的热（和化学无关的热），自由的电，河流不再受山川和水闸的阻挡而自由流动，等等。

《人生的智慧》220—221 页

智力的自由，也就是亚里士多德说的，就思维而言是自愿的，还是不自愿的。

《人生的智慧》222 页

无论如何，自由就是在任何方面都不是必然的，也就是不依附于任何理由的。

《人生的智慧》226 页

只有自由的人才是幸福的。人们说一个民族也是自由的，其含义则是：这个民族只是按照它自己制定的法律来治理的，因为只有这样，它才始终是遵循着它自己的意志的。

《人生的智慧》221—222页

从假定这样一个自由的，哪一方面都不受影响的意志决定中，我们可以推出最直接的，说明这一概念本身的特点的结果来，并进而把它作为这一概念的特征，那就是：对于一个具有这种禀赋的人类个体来说，这个体处在既定的、完全个别的和各方面都受限制的外部环境中，是可能同时做出两种完全对立的行为来的。

《人生的智慧》227页

就自然意义上的概念而言，动物和人只是在既没有束缚又没有监狱、也不麻痹的情况下，也就是说没有自然的、物质的障碍妨碍它们的运动以及它们的运动是循着自己的意志的时候，才能说它们是自由的。

《人生的智慧》221页

十一、辩艺

争论的辩证法是辩论的技艺，而且是不论本人对错，千方百计不让步地辩论的技艺。

《叔本华论说文集》605页

古代人把逻辑与辩证法这两个词当作同义词使用；不过"逻辑"的意思是"仔细想一想，思考，算计"。"辩证法"的意思是"交谈"。

这是两件根本不同的事情。

《叔本华论说文集》605 页

逻辑作为思维的科学，或者纯理性程序的科学，应是能够先天地创立起来的。

《叔本华论说文集》589 页

一个人在争论中可能客观上是正确的，可是在旁观者看来，且有时在他自己的心目中，争论的结果可能他最差。

《叔本华论说文集》593 页

我们与生俱来的虚荣心，尤其对我们的智力高低特别敏感，不肯容忍或允许我们承认我们自己先提的见解是错的，而我们的对手先提的见解是对的。

《叔本华论说文集》610 页

一个人大半不缺乏自然的逻辑性，但很可能容易缺乏自然的辩证法技术，这是一种分配程度不等的天赋。可以说，自然的辩证法术与判断的能力差不多，这种能力因人而异；而理性或推理力，严格地说，却是一样的。

《叔本华论说文集》609 页

逻辑学仅仅关涉种种命题的形式；辩证法则关涉它们的内容或质料——总而言之，关涉它们的实质。所以，着手详述以前，熟思所有命题的普遍的形式，是适当的。

《叔本华论说文集》577 页

我们应该十分清楚地把一门学科研究的对象与任何一门学科研究的对象区分开来，为了形成一个关于辩证法领域的清晰观念，我们一定不要把注意力放在客观的真实或真理上，那是逻辑的事情；我们必须完全把它看作是在争论中取胜的技艺，我们已看到，如果我们实际上在正确一方的话，争论中取胜是更加容易的。

《叔本华论说文集》612 页

辩证法本质上不过是说明，一个人如何能够为反对各种攻击，尤其是欺诈的攻击，而为自己辩护的；并且，他如何以同样的方式，抨击另一个人的陈述而不自相矛盾，或一般地不被对方驳倒。

《叔本华论说文集》612 页

必须把发现真理或真实性与赢得对命题的承认的技艺区别开来；因为客观的真理或真实性完全是一不同的事情：它是正确的判断、反思与经验的要事，并没有解决它的什么特殊的技艺。

《叔本华论说文集》597 页

在辩证的争论中，我们应该把客观的真理或真实性搁置一边，或者，说得更准确，我们应该把它看作一件意外的事情，并且仅仅注意为我们自己的见解辩解以及对我们对手的见解加以驳斥。

《叔本华论说文集》607 页

当一争论开始时，通常每个人均相信自己是正确的一方；争论进程中，双方都开始怀疑是否如此，而直到争论结束，双方仍没有决定或证实真理或真实性是什么。

《叔本华论说文集》607 页

辩证法是需要智力的辩论的技艺；只有当我们这样看待它时，我们才能将它上升为一门学科。因为如果我们把纯粹客观的真理或真实当作我们目标的话，我们便只能陷于逻辑了；如果我们把坚持假命题当作目标的话，那么辩证法只不过是诡辩；在这两种情况中不论哪一种情况，都必得设定，我们已意识到什么是真的以及什么是假的；并且我们很少事先对这真理或事实性具有任何清晰的观念。

《叔本华论说文集》613 页

在一辩证法学科中，任何重视客观的真理或真实性或为之趋进的作法，都是十分不得计的；因为这不是用那种人们头脑中固有的、原始的与自然的辩证法做得到的，他们在辩论中奋争的只不过是胜利。

《叔本华论说文集》613 页

转移法——我们承认我们的对方的命题为真，然后说明，当我们用某一其他公认为真的命题和它联结时，从那里推出的结论。

《叔本华论说文集》605 页

例证，或相反方面的例子。——这就是用直接提出个别事例反驳一般的命题，把这些个别事例按该命题陈述的方式，包含在该命题之内，但是该命题并不适用于这些事例，所以根据这些事例，证明该命题必定是假的。

《叔本华论说文集》605 页

这辩证法学科，按这词的一种意义上说，主要关心的是罗列并且分析欺诈性的谋略，以便在一真正的争论中，人们能够及时识别它们，反驳它们。这就是辩证法无可否认地应以取胜而非求得客观的真理，为其目标与宗旨之真正的缘故。

《叔本华论说文集》613 页

　　延伸或扩大法——这一方法在于延伸你的对方的命题，超出其自然的限度；在于赋予该命题以尽可能普遍的含义与尽可能广泛的意义，达到夸大该命题的目的；并且，另一方面，在于赋予你自己的命题以尽可能有限的意义与尽可能严格的限制，因为一个陈述越普遍，它可能遭到的反对意见就越多。

《叔本华论说文集》616 页

　　同音同形异义词——这个技巧是把一个命题延伸到某事物，这事物与谈及的这件事几乎没有或根本没有共同之处，只是与这词相似；然后便喜气洋洋地将它驳斥，并且因此而声称由于已驳倒这原来的陈述应承认其光荣。

《叔本华论说文集》617—618 页

　　如果你想要推出一个结论的话，你必须不要让对方预先就看穿了，而是应设法让他一个一个地承认这些前提，小心偷偷地把它们掺和到你的谈话中；否则，你的对手将采用各种各样的诡计。

《叔本华论说文集》603 页

　　如果你的对方拒不承认这些真实的命题，或是因为他未能认识它们的真实性，或是因为他看出直接从它们导出的论点，那么，为要证明一个命题的真实性，你也可以利用那些先前的，并非真实的命题。

《叔本华论说文集》621 页

如果这辩论略微沿着严格的与正式的路线进行，并且愿意达到十分清楚的理解的话，那么，陈述这个命题而又想要证明它的人，可以用提出问题反驳他的对方的方式进行，以便从他的承认或接纳的意见，证明这一陈述的真实性。

《叔本华论说文集》623 页

你提出的一些问题，为了你的命题的缘故，你本来是想要肯定性回答的，如果你察觉，你的对方故意给你的问题以否定的回答，那么，你必须问这个命题的反题，仿佛你是急于看到它被肯定似的；或者，至少，你可以给他两个可供选择的机会，这样使他没法知道你正要他肯定的究竟是它们的哪一个。

《叔本华论说文集》609 页

如果你作归纳法的推论，并且你的对方给予你一些支持你的归纳的特殊事例的话，你应该避免问他，是不是也承认从这些特殊事例得出的一般的真理，而后把它作为一个被确定与被承认的事实提出来；因为，与此同时，他自己将终于相信，他已经承认它，而且听众也将得到这同样的印象，因为他们将记住许多关于这些特殊事例的问题，并且推定，他们当然准是已经达到他们的目的。

《叔本华论说文集》618 页

为了使你的对方接受一个命题，你应该也给他这反命题，留给他从这两个命题中选择的余地；并且你应该尽全力使它们的对比极为鲜明，为的是避免似非而实是，这样使这命题看起来很像是可能真实的，他将承认这一命题。

《叔本华论说文集》625 页

鲁莽冒失这一技巧，可以使用如下：当你的对方已经回答了几个你的问题，但其中没有可以证明赞成你所希望的结论的答案时，那么，你应该提出你所期望的结论，——不过，它一点也不是随前面论争而来的——似乎已经被证明了，并且要用一种胜利口吻公开称赞这结论。

《叔本华论说文集》603 页

如果你已经提出一个似乎矛盾的命题，并且发现难以证明，那么，你应该提出某一真实的命题，任由你的对方接受或反对。不过，这个命题的真实性不是很明显可知的，好像你希望从它那里推出你的证明似的。

《叔本华论说文集》604 页

如果你的对方用一个反证紧逼你回答，那么，你用提出极细微的不同特点的办法，时常能够救你出窘境。确实，这一问题你从未想到过，那就是，是否这问题在两个地方都可适用，或者是否容许以任何模糊的意义加以解释。

《叔本华论说文集》627—628 页

如果你觉察到，你的对方已经采取一系列论证，其最终结果是你必败的话，你一定不能让他继续论证下去得出结论，应该及时打断争论的进程，或者突然完全停止争论，或者导引他离开这个题目，引他去谈其他题目。

《叔本华论说文集》628 页

如果你的对方特别要求你，提出对他的论证中某具体论点的任何反对意见，而你又没有多少可说，那么，你应该设法把这问题转变成一般性的，然后再谈你的反对意见。如果对方要你讲，为什么你不能接受一个别的，实际的假设的话，你可以论及人类知识的易错性，并且举出不同的实例说明。

《叔本华论说文集》628 页

　　当你已经说出你的所有前提，并且你的对方都已承认时，你应避免向他要结论，而是你自己立即推出结论；不但如此，即便这些前提中缺少这个或那个前提，你可以权当它似乎也被对方承认了，并且推出结论。这一技巧是讹因谬误的实际应用。

《叔本华论说文集》610 页

　　当你的对方使用一个纯粹表面性的或诡辩的论证，并且你看穿它时，确实，你能够指明其强词夺理与表面性的性质加以驳斥；但是，用一个完全像那样表面的、诡辩的反论证对付他，就更好；因为你所关注的是取胜，而不是关注真理。

《叔本华论说文集》618 页

　　如果你的对方要求你承认或同意某事，而从那里，争论的要点将立即推导出来的话，你应该反对这样做，并一面宣布它是一个窃题或先定结论。因为他与这些听众，将把近似于争论要点的一个命题，当作是和要点等同的，用这种方式你便夺去他的最好的论据。

《叔本华论说文集》629 页

　　反驳与争论常刺激一个人夸张他的陈述。用反驳你的对方的方法，你能够迫使他把一个陈述扩展到它的界限之外，在所有情况下，这一陈述在其界限内及其在自身，都是真实的；并且，当你驳斥它的这一夸张了的形式时，你作出仿佛你也已经驳倒他的原来的陈述的样子。

《叔本华论说文集》629 页

对于一归纳推理来说，需要许多特殊的例子，才能确定它是一个普遍的命题；但对于转移的或分散注意力的方法来说，只要有一个单独的实例这个命题对它不适用，就足以必定能推翻这一命题。

《叔本华论说文集》630 页

反诘或转守为攻是高明的一招，遭到反诘，你的对方的论证就转而反对他自己了。

《叔本华论说文集》613 页

如果你的对手对一论证特别恼怒生气而使你惊讶的话，你应该积极设法使他更生气；这不仅仅是因为使他生气有好处，而是因为这意味着，你在这里已经正确地指出了他的论辩的弱点，并且正是在这里，他更容易受到攻击，这甚至是你当时都没有估计到的。

《叔本华论说文集》617 页

如果你发现在争辩中你正在要被对方胜过的话，你能够设法转移——即，你可以突然开始谈另外某事，似乎它本与争论中的问题有些关系，并且提供了反对你的对方的论据。

《叔本华论说文集》632 页

如果争论的双方中有一方对另一方进行人身攻击，而后者不是针对这攻击加以驳斥，不是去改动它，——仿佛是承认攻击；却采用别的理由谴责他的反对者作为回答。这种策略很像是大西庇阿不在意大利而在非洲攻打迦太基人的策略。

《叔本华论说文集》633 页

每个人均喜信仰，不喜自作判断，塞内加这样说过。所以，如果你要有一位受到你的对方尊重的权威在你一方，这并不难。你的对方才能与知识越有限，对他有影响的权威人数越多。但是，如果他的才能与知识是属于高等级的，对他来说，这样的权威就很少了；确实地说，几乎就没有了。

《叔本华论说文集》613 页

如果你知道你对你对方提出的论证，做不出回答，那么，你可以用一巧妙的反讽，宣称你自己是个没有能力的判断员："你现在谈的超乎我的不好的理解能力；它可能全是很真实的，但是我不明白它，并且对它我不表示任何意见。"用这种方法，你暗示那些对你评价不错的旁观者，你的对方所讲的是无稽之谈。

《叔本华论说文集》637 页

如果在争辩中，你面临一个武断的意见，要摆脱他，或至少要心存疑惑，有一个很简便的方法，就是把它放入某一极令人讨厌的范畴之内；即使这联系只是表面上的，或者是松散性的联系。

《叔本华论说文集》638 页

"那在理论上都是很好的，但实际中行不通。"在这一似是而非的论点中，你承认这些前提但否定这结论，与一公认的逻辑规则相矛盾。

《叔本华论说文集》638 页

当你陈述一个问题或一个论证时，而你的对方没有给你直接的答案或回答，但以一反问题或一间接答案回避你，并且，一般地说，是企图转换话题，这肯定表面你已经触及对方一个弱点，这弱点有时你自己也不知道。可以说，你已经令他哑口无言。所以，甚至当你不了解你所击中的弱点究竟在何处时，你应该更加力陈这一点，使你的对方无法回避。

《叔本华论说文集》639 页

如果你的对方站在对的一方，但对你的争辩来说，幸亏他选择一个错误的证明，那么，你能很容易设法反驳它，然后宣称，这样你就驳倒了他的整个见解。这一技巧应该是最重要的技巧之一；从根本上说，它是一个权宜手段，用这种方法把一个诉诸个人的论证，以诉诸事物的论证提了出米。

《叔本华论说文集》641 页

作为对机智的一种磨炼，为改正一个人的思想以及唤起新的观点，争辩确实时常对双方有利。但是，在学问上与在智力上，争论者两人必须差不多相等才行。如果他们中的一人学识不足，他便不能了解对方，因为他与他的反对者不在同一水平上。

《叔本华论说文集》643 页

十二、认识

没有认识，世界就根本不能想象，而这又因为世界干脆就是表象，以表象论，它需要"认识"的主体作为它实际存在的支柱。

《作为意志和表象的世界》62 页

意志在有认识把它照亮的时候，总能知道它现在欲求什么，在这儿欲求什么，但决不知道它根本欲求什么。

《作为意志和表象的世界》236 页

一种认识愈是带有必然性，愈多一些根本不容有别的想法或表象法的东西，——例如空间的那些关系——，这些关系愈是明晰和充足，就愈少纯粹客观的内容，或者说其中愈少真正的实在性。

《作为意志和表象的世界》181 页

懊悔的产生决不是由于意志已有所改变，那是不可能的，而是由于认识有了变化。

《作为意志和表象的世界》406 页

第四部分　文艺篇

一、文学

在一个精神伟大的人物的作品里指出一些缺点和错误；这比明确而完备地阐发这作品的价值要容易得多。这是因为这些错误总是个别的、有限的，所以是可以一览无余的。

《作为意志和表象的世界》565 页

只有经历了时光之流的冲击与考验，人们方有能力来评论著作，而它的真正价值也才会显露出来。

《人生的智慧》69 页

唯有发自心灵深处的作品才能获得桂冠。

《人生的智慧》76 页

只有真正的杰作，那是从自然、从生活中直接汲取来的，才能和自然本身一样永垂不朽，而常葆有其原始的感动力。

《作为意志和表象的世界》327 页

不了解自己的伟大所在，但又能产生伟大的作品，天下绝无此理。

《生存空虚说》193 页

著作的本身便是不朽的，一旦写为书篇，便可永久存在。

《人生的智慧》68 页

真天才，大作家，往往要陷入一段长时期的绝望生活；因为能中肯地评价一流作家的，他本身已不平凡，这种知音太难得了。

《生存空虚说》193 页

枯燥的人喜欢无味的作品，普通人也爱看普通的文章；观念混乱的人只欣赏思路不清的著作，没有头脑的人所看的也必是空无一物的书籍。

《人生的智慧》70 页

有些作者，在人们强迫他改作他写得那么堂皇而晦涩的著作，以符合书中渺小的一览无余的内容时，就会和一个人在要他光着身子走路时一样的难为情。

《作为意志和表象的世界》318 页

极为高贵的功勋事业，也只能影响短暂的时间；然而一部才华四溢的名著，却是活生生的灵感泉源，可历千秋万世而常新。

《人生的智慧》68 页

著作是不会长久被误解的，即使最初可能遭到偏见的笼罩，在长远的时光之流中，终会还其庐山真面目。

《人生的智慧》69 页

最无风雅的人固然也把公认的杰作当作权威，但那不过是为了不暴露他们自己的低能罢了。

《作为意志和表象的世界》325 页

文学是由个别的事物或实例，使我们知悉万物的观念。而哲学是教我们从事物的内在本质进而认识其全体性和普遍性。由此看来，文学具有青年热情奔放的性质，哲学则带有老年的老成持重的气氛。

《生存空虚说》194 页

文学最简单、最正确的定义应是："利用词句使想象力活动的技术"。

《生存空虚说》189 页

文学的目的是在于推动我们的想象，给我们启示"观念"。

《生存空虚说》191 页

文学中的人生是乐趣无穷的，是从无痛苦的。现实刚好相反，生活即使没有痛苦，也毫无乐趣；若一味追求快乐，则又没有不痛苦的道理。

《生存空虚说》195 页

文学家的先决条件是：先要洞察人生和社会。

《生存空虚说》191 页

第一流文学家能知道别人的见解是如何的浅薄，也能知悉其他人所看不到、所描写不出来的东西，更知道自己的眼光和描述是如何的

比别人进步的。他也知道自己是第一流的文学家，那些浅薄的人们是
无法了解他们的。

《生存空虚说》192 页

文学花朵的盛开绽放，唯有在青年时代；对于文学的感受力，也
是在此时期屡屡产生激情。青年们大都喜欢韵文（诗），这种倾向随着
年龄的增加而逐渐递减，到老年则喜欢散文。

《生存空虚说》195 页

青年们接近文学虽比接触现实来得早，但为了现实的要求，不得
不放弃文学。这就是最优秀的青年常被不愉快所压服的主因。

《生存空虚说》195 页

韵律和韵脚虽是一种拘束物，然而也是诗人身体的"被覆"，穿上
这一套"被覆"，说些别人所不敢说的心声也不妨，它使我们热爱的原
因就在这里。

《生存空虚说》195 页

真正的诗人，不论高级或低级，他们的直接标志是：韵脚自然，
毫不勉强，他们的韵脚像有神来之笔，自自然然地表现出来，他们的
思想在脑中成熟后才去找韵脚，这才是真正的诗人。细密的散文作家
是为了思想而求韵脚，滥作家则为了韵脚而搜索思想。

《生存空虚说》198 页

诗人要通过自己的选择和意图来表出紧要情况中的紧要人物，历
史学家却只看这二者是如何便如何秉笔直书。

《作为意志和表象的世界》339 页

真正诗人的抒情作品能够经几千年而仍旧正确有效，仍有新鲜的意味。

《作为意志和表象的世界》345 页

表达人的理念，这是诗人的职责。

《作为意志和表象的世界》344 页

二、艺术

艺术是模仿自然来创造美的。

《作为意志和表象的世界》307 页

艺术的唯一源泉就是对理念的认识，它唯一目标就是传达这一认识。

《作为意志和表象的世界》258 页

艺术复制着由纯粹观审而掌握的永恒理念，复制着世界一切现象中本质的和常住的东西；而各按用以复制的材料是什么？可以是造型艺术，是文艺或音乐。

《作为意志和表象的世界》258 页

艺术家让我们通过他的眼睛来看世界。

《作为意志和表象的世界》272 页

对一件艺术品，你必须像对待一个伟人一样，耐心地站在他面前，等待他俯允对你讲话。

《生存空虚说》232 页

被体会了的理念是任何地道艺术作品真正的和唯一的源泉。

《作为意志和表象的世界》326 页

建筑艺术和造型艺术、和文艺的区别，乃在于建筑所提供的不是实物的拟态，而是实物的本身。

《作为意志和表象的世界》301 页

人的体态，人的表情是造型艺术最重要的对象，犹如人的行为是文艺的最重要对象一样。

《作为意志和表象的世界》293 页

文艺要求读者想象力的合作以使它所描写的更有直观的形象性。

《作为意志和表象的世界》316 页

历史之于艺术就好比肖像画之于故事画，前者提供个别材料中的真，后者提供一般普遍中的真。

《作为意志和表象的世界》339 页

如果一个音乐家晓得他的听众几乎都是聋子，而且为了掩饰自身的不确定，他们看到有一个人在鼓掌便也用力拍手，他还会为了他们热烈的掌声而喜悦吗？

《人生的智慧》76 页

如果一位歌唱家或音乐家用反复思索来指导他的演出，那就会是死症。

作曲家在他的理性所不懂的一种语言中启示着世界最内在的本质，表现着最深刻的智慧，正如一个受催眠的夜游妇人讲出一些事情，在她醒时对于这些事情一无所知一样。

《作为意志和表象的世界》360 页

戏剧是最客观的，并且在不止于一个观点上，也是最完美、最困难的一种体裁。

《作为意志和表象的世界》344 页

所有的叙事诗或戏剧，不外是表现人类为获得幸福所做的挣扎和努力，而从未描绘永恒而圆满的幸福；这些诗的主角历尽了千辛万苦或通过重重危险，终于走到他的目标，一旦到达终点后便匆匆闭幕草草收场。

《爱与生的苦恼》110 页

惊呼的本质，从而惊呼对于观众的效果也完全只在于惊呼之声，而不在于张开嘴。

《作为意志和表象的世界》316 页

在舞台上已经不宜于使表现主题的剧情在幕后发生，如果在绘画中这样做，那就显然是大错特错了。

《作为意志和表象的世界》321 页

爱好悲剧的心理，不属于美的感觉，而是恻隐之心的最高度的表现。

《生存空虚说》203 页

三、音乐

音乐是表达感触和热情的语言，相当于文字是表达理性的语言。

《作为意志和表象的世界》359 页

音乐如果作为世界的表现看，那是普遍程度最高的语言，甚至可说这种语言之于概念的普遍性大致等于概念之于个别事物。

《作为意志和表象的世界》363 页

音乐不同于其他艺术，决不是理念的写照，而是意志自身的写照，尽管这种理念也是意志的客体性。

《作为意志和表象的世界》357 页

音乐完全孤立于其他一切艺术之外。

《作为意志和表象的世界》354 页

音乐的语言是如何内容丰富、意义充沛，即令是重奏符号，以及"重头再奏"也可以证实。

《作为意志和表象的世界》365 页

音乐无论在什么地方都只是表出生活和生活过程的精华，而不是表出生活及其过程自身；所以生活和生活过程上的一些区别并不是每次都影响生活及其过程的精华。

《作为意志和表象的世界》362 页

在柔调中的跳舞音乐，似乎是标志着人们宁可蔑视的那种琐屑幸福之丧失，似乎是在说着一个卑微的目的经过一段艰难曲折而终于达到。

《作为意志和表象的世界》361 页

四、审美

在雕刻中，美的仪态依然是主要的。在感触中，激情中，知和意的相互影响中出现的精神特征是只能由面部表情和姿态表现出来的，所以精神特征最好是绘画的题材。

《作为意志和表象的世界》313 页

严酷的气候越是加强了满足特殊需要的要求，功用的要求越是呆板地规定了这些要求，越是不容更改地指定了这些要求，那么，美在建筑艺术中也越少活动的余地。

《作为意志和表象的世界》302 页

如果我们看到人体的美，我们都能认识这种美；但是在真正的艺术家，他认识这种美竟如此明晰，以致他表达出来的美乃是他从未曾实际看到过的美，我们看到的美在他的表达中已超过了自然。

《作为意志和表象的世界》308 页

若没有真理，任何艺术的美将不能存在。

《生存空虚说》108 页

自然美本来是没有意志的纯粹认识，事实上确是唯一纯粹的幸福，在它之前没有苦恼、没有欲望，在它之后不会伴随后悔、苦恼、空虚、倦怠。

《爱与生的苦恼》110 页

人的美是一种客观的表现，这种表现标志着意志在其可被认识的最高级别上，最完善的客体化上，根本是人的理念完全出于直观看得到的形式中。

《作为意志和表象的世界》306 页

没有一个对象能够像美人的容貌和身段那样迅速地把我们移入审美的直观，在一看到这种容貌和身段时，我们立刻就为一种说不出的快感所控制，使我们超然于我们自己，超然于一切使我们痛苦的事物之上。

《作为意志和表象的世界》306 页

优雅以所有一切肢体的匀称、端正谐和的体形为先决条件，因为只有借助于这些，在一切姿势和动作中，才可能有完全的轻松的意味和显而易见的目的性。

《作为意志和表象的世界》311 页

我所理解的媚美是直接对意志自荐，许以满足而激动意志的东西。

《作为意志和表象的世界》289 页

　　一物之所以比另一物更美，则是由于该物体使得纯粹客观的观赏更加容易了，是由于它迁就、迎合这种观赏；甚至好像是它迫使人来做如是的观赏，这时我们就说该物很美。

《作为意志和表象的世界》293 页

五、作者

　　概括地讲，只有两类作者：一类是为特定的论题而写作的人，另一类是为写作而写作的人。前者有一些值得传播的思想或经验，而后者则只想得到钱，所以他们仅为金钱而写作，他们的想法已成为写作这一行当的组成部分。

《叔本华论说文集》309 页

　　我们可以用象征的方式把作家们分为三种：一种像流星，一种像行星，另一种则像恒星。

《人性的得失与智慧》24 节 343 页

　　我们也可以把作家分为三种。第一种作家写作时毫无思想。他们靠记忆，回想甚至为别人的著作而写作。这种作家的人数最多。——第二种作家写作时才思想。他们思想的目的是为了写作。——第三种作家在写作前就有了思想。他们从事写作，只是因为他们有思想。这种作家最少见。

《人性的得失与智慧》24 节 344—345 页

倘若一个作者不收集资料——他将依据这些资料经过自己大脑的思索而写作，这就是说，倘若不通过自己的观察而写作，他的作品就根本不值得一读。

《叔本华论说文集》311 页

无论如何，公众更为关注的是内容而不是形式，正是因为这个理由，公众缺乏高层次的文化。当公众谈论诗歌时，他们以最可笑的方式显示了他们在这方面的偏好：在那里，他们不厌其烦，孜孜以求地追溯诗人的个人生活环境或生活逸闻——而这些只是诗人的诸种作品的外在诱因，甚至到最后，这些环境和逸闻倒成了比作品本身更重要的东西了。

《叔本华论说文集》315 页

思想的实际生命只延续到用语言表达时为止，一旦用语言表达，便僵化了，因此变成死的东西了，但却毁坏不了，就像史前时代的动植物化石一样。

《人性的得失与智慧》24 节 346 页

每个作家，一旦开始为收入而写作，就会写得很坏。所有伟大人物的最伟大作品，都是属于一种时代的。在这种时代里，他们必须写出自己的作品，没有任何目的，所得的报酬也非常少。因此，有一句西班牙谚语告诉我们："荣誉和金钱不属于同一袋子。"这里便可以用上这句谚语。

《人性的得失与智慧》24 节 344 页

然而，尽管在开始写作之前就真正进行严肃思考的人为数甚少，围绕论题本身进行思考的人更是微乎其微：其余大多数人考虑的仅仅是那些早已出版的同类话题的书，以及别人对此类论题的看法。

《叔本华论说文集》310—311页

试图借手中的材料产生一种效果，这是一种迎合公众恶劣倾向的尝试，它们在文学的各个分支里都应该遭到严厉的谴责；因为在文学领域中，一切价值或精粹都本应当明快地表现在作品的形式中，当然我所意指的是诗化的作品。

《叔本华论说文集》316页

假如读者希望研究任何论题的话，要提请他留意别冒冒失失地专挑关于这一论题的最新著作，以免他的全部注意力都仅仅集中在这些新书上，而应当抱这样的想法，即科学总是不断发展的，并且在新著的写作过程中的确吸收利用了过去的旧著内容。

《叔本华论说文集》312页

由于其内容而闻名的书可能出自于那些头脑简单的普通人，因为只有他们才有机会接触书中描述的事情；例如，那些记录荒岛旅行、罕见的自然现象或试验的书，或者，那些描绘了作者本人就是见证人的历史事件的书，或者，与他们耗费了大量的时间和精力研究和探求原始文献有关的书。

《叔本华论说文集》315页

一个装腔作势的作家，就像一个把自己打扮起来免得被人把自己和一般民众等量齐观的人一样，这种危险是绅士人物从来不敢的，尽管他衣着不好。正如过分装饰和穿着华丽衣服反足以表示一个人的平凡一样，装腔作势的风格也反足以显示作者平凡的头脑。

《人性的得失与智慧》24 节 349 页

凡是草率写作的人，一开始就表示自己并不认为自己的思想有价值。因为，只有对思想的重要性和真实性有信心时，才会激发我们不屈不挠地热心发掘最明晰、最有力和最引人的表达思想方式——正如只有在装宝贵的东西或无价的艺术品时，才会使用金银盒子一样。

《人性的得失与智慧》24 节 352 页

写作艺术中最主要的原则应该是：任何一个人，在同一时间内，只能思想一件事情，因此，我们不应要求他在同一时间思想两件事情，更不应要求他思想两件以上的事情。

《人性的得失与智慧》24 节 352 页

任何著作上的特质——例如劝诱力或丰富的想象力，使用比喻的大胆、严苛、简明，在他们的步法、活动、语言、简洁、单纯中显然地表现出来——都是不能靠阅读表现这些特质的作品而获得的。

《人性的得失与智慧》24 节 354 页

我们这个时代有许多没有原则的胡说八道者，产生了许多坏而无益的作品，这种潮流在不断兴起，文艺杂志应该成为抗拒这种潮流的巨石。

《人性的得失与智慧》24 节 346 页

我们的思想一旦用语言文字表达以后，就不再是真正的或根本上真实的了。当它开始为别人而存在时，就不再活在我们自己心中了，正如当小孩开始自己生活时，便与母亲分开一样。

《人性的得失与智慧》24 节 346 页

一部优秀的旧著被若干拙劣的新作取而代之是常有的事，这些新作大多是以挣钱为目的的，常常以一种妄自尊大的面孔出现；其实在很大程度上是靠友人吹捧出来的。

《叔本华论说文集》312 页

一本书的内容不可能超出其作者的思想，这些内容的价值既存在于他所思考的问题中，也存在于他的思想所采用的形式中，换言之，他关于这个问题所进行的思考就是其全部价值。

《叔本华论说文集》314 页

任何一部作品都是作者思想的复制品。这些思想的价值如果不在内容方面，即作者所想的东西方面，就在形式方面即处理内容的方面，即作者思想这些内容的方式方面。

《人性的得失与智慧》24 节 345 页

平庸者所写作品的枯燥乏味和令人生厌，可能是下述事实的结果，即他们一知半解地表达自己，就是说，他们并不真正了解自己所用文字的意义；因为这些文字是他们从别人处整套地学来的，因此，他们所拼集的不是个别的文字，而是整套的词句（陈腐的词句）。

《人性的得失与智慧》24 节 348 页

对于一封信来说，地址很重要；而对于一本书来说，书名具有同样重要的意义。换言之，书名的主要目的应当是引起公众中那些对这本书的内容感兴趣的人的注意。因此，书名应当寓意隽永，耐人寻味，本质上必须是简短明了的，并且，倘若能用一个词来概括书的内容，那么，这个书名将是言简意赅的。

《叔本华论说文集》313—314 页

六、风格

风格是心灵的观相术，并且它比相貌更可靠地反映了心灵的特征。

《叔本华论说文集》318 页

优秀的作品应当遵循如下原则，即一个人写作时必须一次只能专心致志地仔细思考一个问题，而不应当三心二意，指望同时思考两个或更多的问题。

《叔本华论说文集》331 页

在没有任何充分理由的情况下，将某一思想迂回曲折地置于另一思想的上面，结果使之变成了一个毫无生气的混合物。这种情况只有当作者为了插入另外某个完全不同的问题而突然中断他已经开始的论述时才会出现；这样一来便给读者遗留下了毫无意义的半截话，并且直到后半截话完成之前，读者就仍然对它惑然不知其解。

《叔本华论说文集》333 页

风格是心灵的状态，比身体的状态更不会隐瞒我们。

《人性的得失与智慧》24 节 347 页

风格方面的错误是它的主观性，由于文学的没落和古代语言的被忽视，这种风格方面的错误，愈来愈普遍，但是只有在德国才不受限制。

《人性的得失与智慧》24 节 351 页

模仿别人的风格，就像戴了一副假面具，不可能与别人完全一样，并且，很快便令人嫌恶、招人唾弃，因为它缺乏生命的活力；所以，即使一副丑陋的面孔，只要它生气勃勃，也要胜于那假冒的面孔。

《叔本华论说文集》318 页

含混不清的表达方式无论在何处永远是低劣作品的标志，并且，百分之九十九都是由思想的含混不清所致；这几乎无一例外地意味着思想本身存在着某种根本性错误和不合宜之处——简言之，思想是错误的。

《叔本华论说文集》327 页

形成优良风格的第一条规则是作者应当言之有物；甚至可以说这几乎是所有规则中最必不可少的。

《叔本华论说文集》322 页

所谓客观风格是下述的一种风格，即在这种风格中，语言的安排使得读者和作者所想的完全一样。

《人性的得失与智慧》24 节 351 页

风格上的装腔作态，可以和扮脸孔相比。

《人性的得失与智慧》24 节 348 页

所有写作风格多少都保持某种与碑文体相近的痕迹，碑文体确是一切风格的原始形式。

《人性的得失与智慧》24 节 349 页

不直接了解以为作者对有关论题的思想，或他对此论题曾发表过的谈话，那么，对其作品的价值的评估就可能有失偏颇。这也暗示了对他全部作品的阅读。

《叔本华论说文集》318 页

语言的简洁在于惜墨如金、力求精练，在于避免就人人皆知的问题作冗长的赘述。作者绝不应当以清楚明了为代价来换取文体的简朴，更不用说牺牲合语法性了。

《叔本华论说文集》329 页

很少有作者采用建筑师的方法，后者在开始建造房屋之前，先画出草图，然后再进行详尽周密的思考乃至细枝末节。非但如此，而且，大多数人写作就仿佛在玩多米诺骨牌；在这种游戏中，骨牌的布局一半靠计划，一半靠运气，所以他们也是靠此种次序来连接其文句的。

《叔本华论说文集》333—334 页

每一个平庸无奇的作者都试图用一副面具来掩饰自己的自然风格，因为他心中完全明白我所揭示的真理。他被迫在一开始就放弃保持纯朴自然风格的努力 ——这种自然风格因此而成为那些卓越的天才们的优势，他们意识到自己的价值并充满自信。

《叔本华论说文集》319 页

这里，我要提及当今非常流行的一种风格上的谬误，此种谬误既存在于文学日益堕落的状态中，也表现了对古代语言的肆意漠视，这种倾向还有滋长蔓延之势，我指的是主观性。

《叔本华论说文集》330 页

一个人只要可能就应该像伟大的天才那样思考，而像普通人那样说话，假如作者能够认识到这一点，一般来说他都将获益匪浅。

《叔本华论说文集》325 页

在任何其他语言中没有任何词语可以精确地表达法语中的不自然的风格这个词，然而，这一事情本身却更加经常地发生。文学作品一旦沾染上矫揉造作的风格，就喜欢表现出那种体面的傲慢、堂皇的气派，摆出第一流的架子，简直令人难以忍受。

《叔本华论说文集》326 页

有趣的是，看到作者如何根据心中思考着的目的，先取此种风格，尔后又换彼种风格，仿佛他们始终戴着理智的面具！这面具可能暂时会蒙骗没有经验的人，然而一旦人们发现它是一个毫无生命活力的死东西即会唾而弃之；于是，被人们嘲笑一番以后接着再换上另一副。

《叔本华论说文集》320—321 页

我已经提示了标志那些作者的作品的单调沉闷：就此而论，一般地这种单调沉闷可分为两种：客观的和主观的。一部作品若存在未解决的缺点，则客观上是令人生厌的，那就是说，它的作者对自己表述的内容不仅没有经过深思熟虑，而且缺乏有关的知识。

《叔本华论说文集》325 页

作者应当避免使用那些像谜一样令人迷惑不解的词句，他应当知道自己究竟是想说还是不想说一件事。正是这种优柔寡断的风格使许多作品读起来令人索然寡味。只有当必须以某种非正常方式说话时，上述规则才会出现例外。

《叔本华论说文集》327 页

正是思想的丰富性和重要性，而不是任何其他东西赋予风格以简洁明了的特性，并使它既简明扼要又寓意深远。假如作者的思想能提供大量的内容和质料，足以填塞表达它们的词语，并使它们如行云流水，处处皆衔华佩实；所以，在这样的作品中，读者不可能感到丝毫空洞、虚假或浅薄。

《叔本华论说文集》329 页

七、批评

知性的批评鉴赏力可以说是为女性所具有的，正如创造性才能或天才是为男性所具有的一样。它虽然不能产生出传世佳作，但却构成一种领悟的能力，这就是说，它能识别出作品的本身是真实的、适宜的、优美的，抑或相反；换言之，它能区别精品与劣作，并能取其精华去其糟粕。

《叔本华论说文集》364 页

我们必须对事情的这种状态进行认真的思考，即令人聊以自慰的是：相当多数的人不能独立自主地作出自己的判断，而只是一味顺从权威的意见，这实在是一件幸事。

《叔本华论说文集》371 页

当我们评价一位天才时，不应当拘囿于其作品的错误或瑕疵，并由此对他评价过低，而应当着眼于其文章的精粹之处。

《叔本华论说文集》364 页

有些批评家认为人各有所好，优劣的区分取决于各人。他们都把自己的玩具喇叭误认为是名贵的长号。

《叔本华论说文集》365 页

一篇匿名的书评并不比一封匿名信更具权威性，二者同样值得怀疑。或许，难道我们应当接受这样一种人的名字——他承认是在严格意义上被称为一个匿名团体的头目——以保证其同伙的诚实吗？

《叔本华论说文集》374 页

对于理智的事业来说，其不幸在于它必须等待那些自己从不著述的人去臧否褒贬作品的高低优劣；甚至可以说，理智的最大灾难也莫过于此，即它不得不在人类批判力的威慑之下接受它的荣誉的王冠，而这种批判力实际上是一种在大多数人身上表现甚微的性质，所以它被认为是人性中最为罕见的禀赋。

《叔本华论说文集》365 页

批评功能的这种令人痛惜的消逝在科学领域也不少见，这一点已通过那些错误的、不能成立的理论所具有的顽强的生命力而显露出来。

《叔本华论说文集》367 页

不过，最为重要的是，作为一切文学罪恶勾当之帷幕的匿名必须绝迹。这种隐名埋姓的把戏往往被冠以保护正直诚实的批评的美名而加以利用，这些人便是以此方法赢得公众的支持，抵挡作者及其朋友的愤怒谴责。

《叔本华论说文集》373 页

缺乏批评的洞察力也通过下列事实表现出来，即每个世纪中，当它之前的优秀作品都得到尊重时，它自己时代的佳作却被曲解，本应由它们得到的荣誉却被归于拙劣的作品，这种情形每十年便要重新出现一次，如此不断地循环。

《叔本华论说文集》369 页

正如没有看见太阳的眼睛，就无所谓阳光，没有听懂音乐的耳朵，便无所谓音乐一样。在艺术和科学领域中，名家作品的价值是依据读者的接受能力以及它们之间的亲缘关系而定的。

《叔本华论说文集》369 页

我们应当对柏拉图、康德、荷马、莎士比亚和歌德作何种评论，假如每个人都坦率地直抒己见并表达对这些作者的欣赏，而不是屈服于权威、被迫迎合他们的观点，那么，不论他的意见如何无足轻重，也毕竟是他自己的真实看法。

《叔本华论说文集》371 页

试图将对那些挤满各处的愚昧无知者的容忍——尽管这在社会上

十分流行——引入文学界，是完全错误的。在文学领域，这样的人是贸然闯入文学殿堂的糊涂虫；优秀作品有责任对低劣作品提出非难和谴责；一个不知何以为恶的人，也必然不懂何以为善。

《叔本华论说文集》372—373 页

八、学者

当我们看见为教育培养人才而建立的大批种类繁多的学校和为数众多的学者教师时，也许以为人类极为重视真理和智慧。

《叔本华论说文集》339 页

一个人应当多才多艺、视野宽阔，这对古典文学的修养是绝对必要的；并且，学者——按照这个词的严格意义——也必须对历史了如指掌。

《叔本华论说文集》344 页

科学的各个分支越来越繁多，以至于一个人若想有所成就，便不得不放弃所有其他学科，而专注于某一研究领域。一个人在他自己的研究领域中确实要比一般人高明，但在其他领域，他却和一般人没有什么两样。

《叔本华论说文集》343 页

各类学人、研究者，不论其年老年少，一般地，与其说他们的目的旨在颖锐的领悟力，毋宁说是为了获取消息。

《叔本华论说文集》339 页

我们已经了解到通晓古今、博学强识并不利于独立思考，同样，由于大量写作或经常教学，一个人会对自己熟知的事物失去原有的那种清晰而严谨的认识和理解，其原因简单地说在于他没有时间去要求清晰和严谨。

《叔本华论说文集》340 页

对于绝大多数学者来说，知识是手段而非目的。这就是何以他们绝不可能写出传世佳作的原因。

《叔本华论说文集》341 页

事实上，最渊博的学识也不过像大自然中的一束枯萎的植物，完全不同于创造的天赋，而后者则具有不断更新的生命力，它永远那么清新强健，那么生气勃勃，那么变化多端，没有哪两种东西能形成比古代作家的童稚质朴与他们的注释者们的博学更鲜明的对立了。

《叔本华论说文集》341 页

人类目光所及的范围十分有限，而人类知识的全部领域早已远远超出这个范围；并且，一个人所能了解的知识甚至不及他应掌握的全部知识的十分之一。

《叔本华论说文集》343 页

作为整体的人类知识及其每一分支，其中的绝大部分仅仅是理论上的——我指的是仅仅存在于记载着人类往事的书本上，只有一小部分在特定的时期内，才真正地活跃于某些人的头脑中。

《叔本华论说文集》343 页

一个人只有真诚地热爱一件事，才会对它有直接而浓厚的兴趣，才会因为喜欢它而献身于它，才会不懈地探求其奥秘而只是为了爱好。正是这些人，而不是那些为金钱而劳动的人，才创造出最伟大的作品。

《叔本华论说文集》342 页

所谓学者，就是在书本里做学问的人。而思想家或天才则是径直深入自然之书的人；正是他们启迪了整个世界，并使人性得到进一步发展。

《叔本华论说文集》346 页

书本哲学家只会告诉人们，这个人曾说过什么，另个人的意思是什么，第三者提出的异议是什么，如此等等。他把各种观点放在一起比较对照，反复掂量，批评鉴定，试图把握问题的真相；在这里，他就像一个批判的历史学家。

《叔本华论说文集》350 页

九、文学形式

戏剧是对人的存在具有最完美影响的文学形式。在戏剧文学中，有三个表现主题的步骤，以及与此相应的种种情节与场景。

《叔本华论说文集》356 页

古往今来，公众对历史学的这种偏好可以通过街头巷尾盛行一时的谈话得到说明。常常是一个人讲述某件事，接着，另一个人也跟着说，于是，每个人都确信自己受到了注意，这种现象十分普遍。

《叔本华论说文集》359 页

我们有机会接触中国历史和印度历史，那浩如烟海的论题向我们显示了历史学研究中的种种缺陷，迫使我们的历史学家们明白，科学研究的宗旨在于从一种认识中，在于掌握任何已知实例的规则，在于为各民族生活提供一种人类知识，而不是没完没了地统计那些数不胜数的事例。

《叔本华论说文集》359—360 页

我们谈及鉴赏——一种对其不经选择的随意表达——时，我们常常意指发现，或者仅仅是认可，这种说法是指审美上恰当的发现或认可，它是撇开任何规则的制约的。

《叔本华论说文集》364 页

常言说，万事开头难。但是，戏剧恰恰相反，对于戏剧来说，难的是全剧尾声的处理。这已为无数出戏剧所证实：这些戏在第一、二幕总是动人心弦、引人入胜，然后就变得杂乱无章，拖沓延宕——甚至第四幕仍然拙劣不堪，最后，全剧以一种勉强的、不自然的、或人人皆知的陈旧方式宣告剧终。

《叔本华论说文集》356—357 页

无中不能生有，这是美术，也是其他艺术的一则真实的格言。当一位优秀的艺术家创作一幅历史画时，他总是以活着的人作为模特儿，并且总是从现实生活中获取创作的基本素材，然后再着手对他们进行加工，使之完美化，理想化。

《叔本华论说文集》357 页

倘若一个人希望阅读一些优秀作品，他就必须毫不犹豫地舍弃那些低劣的作品；因为时光飞逝，人生短暂，况且人的能力又是如此有限。

《叔本华论说文集》362 页

一个人的作品是其思想的精髓，即使他才智超群，其作品相对于其谈话仍具有无与伦比的价值。不但如此，在所具根本问题上，他的作品不仅具有让读者与之进行个人间精神交流的作用，而且实实在在地、远远地超过谈话的作用。

《叔本华论说文集》363 页

艺术上的每一种夸张手法，对于新闻出版如同对戏剧艺术一样，都极为重要，因为新闻出版的目的就在于让各种事件尽可能地广为流传。

《叔本华论说文集》360 页

一个作家要赢得不朽的桂冠，必须拥有大量的传世佳作，但这些作品均曲高和寡，难觅知音。任何时代，真正能够理解和欣赏它们的都是一些能够慧眼识珠的人。如果一个作家确实如此，那么，他的著作将会流芳百世，尽管事实上，世人的兴趣总是变幻莫测的。

《叔本华论说文集》361 页

任何小说，要成为一部高雅的作品，往往对人物心灵世界的描述不惜花费大量笔墨，而人物的世俗生活则显得不那么重要；二者间的这种比例，为人们提供了一种判断任何小说属于哪类作品的方法，无论是《项狄传》，还是粗俗、最耸人听闻的骑士或强盗故事。

《叔本华论说文集》357 页

如果进一步考察让·保罗的那些精彩绝妙的侠盗故事，我们发现许多内心活动都是以真人真事为其极有限的蓝本的。

《叔本华论说文集》358 页

即使在司各特小说中，对内心活动的刻画也远远超过对世俗生活的描写，如果不是为了表达思想和感情，小说中是绝不会出现对某个事件的描写的；而拙劣的小说则常常在个别事件的细枝末节上纠缠不舍。

《叔本华论说文集》358 页

一个自诩其生命将延续至后世的作家，只能是这样的人，即他徒然地在茫茫人海中寻觅与自己同属一类的人，这种人因其鲜明特征而与众不同。不仅如此，他像流浪的犹太人一样，若干代之后，依然保持同样优越的地位。

《叔本华论说文集》361 页

隐喻和直喻，就其通过已知的关系解释未知的关系而言，意义颇大。即使几乎成了一则格言或寓言的最细琐的直喻，也以其最简略、最显而易见的形式展示了某种关系，观念的形成本质上依赖于直喻，因为，观念的产生需经过联合事物之间的相似并略去其差异的过程。

《叔本华论说文集》357 页

笔之于思想如同手杖之于行走，但是，如果你手中没有手杖，你依旧能悠然漫步，而你手中没有笔，你也同样能进行严谨的思考。只有当一个人渐入暮年时，他才乐意拄着手杖走路，才喜欢借助笔来思考。

《叔本华论说文集》361 页

小说家的任务不是讲述那些伟大事件，而是使一些微不足道的小事变得趣味盎然。

《叔本华论说文集》358 页

在历史学研究中，一个人所学到的全部知识绝不会妨碍他今后的继续学习。对于一门真正的科学来说，知识的完善无论如何都是可能的。

《叔本华论说文集》359 页

关于戏剧结尾的这种困难，究其原因，一方面是因为这些戏剧常常把事情搅成一团乱麻，让人理不出头绪；另一方面也因为一开始我们纵容作家们随心所欲，而到剧终时却又对他们过于苛求。

《叔本华论说文集》357 页

我想，出色的小说家为了塑造一个角色，他们往往以自己熟悉的某个真实的人为原型，然后根据自己的创作意图进行加工，使之完美化和理想化。

《叔本华论说文集》357 页

第五部分　科学篇

一、比较解剖学

现在，从我的命题：意志就是康德所称作的"自在之物"或任何一个现象的最终根据，我推论出了意志不仅就是身体一切内在的、无意识的功能的动因，而且生物有机体本身就是进入了表象领域的意志，就是在空间的认识形式中被感知的意志自身。

《自然界中的意志》47 页

每一种动物显然即使在极其细微的环节上都能适应其生活方式和外界之生存资料，动物的这种适应性同其非常完善的结构一起，为目的论的思考提供了充足的材料。

《自然界中的意志》49 页

动物是通过知觉学会了解它赖以生存的环境，并由这一认识产生其欲望，即它的意志，从意志又产生其器官，即意志的体现；这最后的一步确实借助了生殖且因此而发生在无限的诗句中。

《自然界中的意志》57 页

简言之，意愿的整体特质和它的身体的形状及性质之间所存在的关系，是同一关系。甚至是这一观点，近来也作为一个事实得到那些有思想的动物解剖学家和生理学家的认可，他们独立于我的学说，从他们自己的观点出发后天地对此加以证实。

《自然界中的意志》47 页

学识和思想兼备的布达赫在其论生理学的重要著作中，当论述关于胚胎起源的最终根据时，同样明确地证实了我的观点的真实性。

《自然界中的意志》48 页

动物一旦成为被追捕的对象，逃脱追捕者的意志在动物的防御装备中也同样很清楚地表现出来。

《自然界中的意志》59 页

由于意志为其自身装备了既是进攻性的又是防御性的每一种器官和每一种武器，那么，它同样在每一动物形体中为自己装备了理智，以此作为保存个体和种族的工具。正是由于这一原因，古人称理智为向导和导师。

《自然界中的意志》60 页

无论何地，智力确实首先要依赖于大脑，而且与生物体的其他组织有一种必然联系，因此，冷血动物远不如热血动物，无脊椎动物远不如脊椎动物。而且，生物体不是别的，就是成为有形的意志，由于意志是绝对在先的，所以任何东西都由此产生。

《自然界中的意志》63

万物都合乎其目的之需要，低等动物机体中的各部分都毫无例外地明显呈现出有意识的目的，这些都说明在其中起作用的就是意志，而非任何偶然和无计划的自然力。

根据动物所希望生存的环境，决定每一动物种类的形态和组织的是它自身的意志，这是最为确定的；然而，这不是作为时间中的物理性的事情，相反而是作为在时间之外的形而上的事情。

《自然界中的意志》57 页

意志并不从认识中产生，在意志作为一个纯粹偶然的事件、第二位的、更准确地说是作为第三位的东西出现之前，认识并不和动物一起存在。相反，意志是原初的，是自在之物，它的现象（仅仅是认知的表象及其时空中的形式）就是在这些具体环境中以表现其生存意志的一切器官组成的动物。

《自然界中的意志》58 页

现在，在我们对意志和每一动物的组织之间的完全一致加以沉思之后，假如我们用这一观点来审视整理完备的骨骼收集物，对我们来说这似乎毫无疑问地让我们看到了同一种生物（德拉马克的初始动物，或更准确地说，生存意志）在根据环境改变着它的形状，从而通过延长和缩短、加强和弱化，从同一的骨骼的数量和排列中产生出了所有这些形式上的多样性。

《自然界中的意志》64 页

在自然的一切作品中，我们赞美它们的至善至美和相对于目的之和谐一致，这种赞美的本质就是我们以审视自己作品的眼光来看待自然的杰作。

《自然界中的意志》67 页

植物没有自我意识，因为它们没有移动的能力，因为除非自我意识能使它们找到有益的东西和逃避那些有害的东西，否则对它们有何用呢？相反，由于它们没有自我意识作指导，移动能力对于它们来说又有什么用呢？因此，感性和应激性这一不可分离的二元性在植物中还没有出现，它们在一种作为其基础的繁殖力中继续处于混沌状态，而且在这里只有在这种繁殖力中意志才能将自身客体化。

《自然界中的意志》63 页

任何动物形式的真正本质，是在表象之外因而也就是在空间和时间形式之外的意志的行为；正是由于这一原因，这一行动既不懂得继起也不懂得并置，而是相反，是罪不可分的同一体。

《自然界中的意志》69 页

无疑，根据我的学说，即每一存在都是其自身的作品。自然是不可能错的，它像天才一样是天真的，直截了当地肯定了这一学说；因为每一存在都只是点燃了另一个完全类似的存在的生命火花，然后使其出现在我们眼前，为此从外面获得质料，并从其自身中获得形式和运动：这一过程我们称之为增长和发展。

《自然界中的意志》70 页

按照我在别处牢固确立了的真理：被直观为表象的——在大脑中，通过空间、时间和因果规律形式——动物体就是动物的意志本身，换言之，就是意志的纯粹的可见性、客体性，除此之外，还没有其他的解释或假定，能使我们那么好地理解我在这一梗概中所表明的这种对于目的和存在的外部条件的顽强适应性，或者是理解每一动物结构中内部组织令人赞美的协调和恰当。

《自然界中的意志》66 页

二、物理天文学

我最希望看到我的学说中能得到经验科学证实的部分，就是我能在其中甚至把康德的自在之物就是意志这一基本原理应用于无生命的自然界的那一部分，而且在这一部分中我表明了在自然的一切根本力量中起作用的东西与我们自身中作为意志为我们所认识的东西是绝对一致的。

《自然界中的意志》90 页

在自然中等级最低的台阶上，原因和结果是完全同质的和完全等同的。因此在这里我们对因果联系是完全理解的，例如，一个球的运动是由于另一个球的运动碰撞后产生的，第二个球失去的运动恰恰同第一个获得的运动相等。

《自然界中的意志》96 页

现在，正如康德教导我们的，因果关系就是知性本身的一种形式，是先天可知的，即表象的本质，这样就是世界的一面；另一方面就是意志：就是自在之物。

《自然界中的意志》103 页

重力的直接表现，在液体中由于物质相互之间各部分的运动具有绝对的自由，所以其每一部分中对于重力的直接表现比在固体中更为突出。

《自然界中的意志》92 页

把生命归于无机界这一尝试从本世纪开始一直在重复地进行。这是非常错误的：因为生命和有机是可置换概念，而且死去了的有机物就不再是有机物。但是，在整个自然界中，没有任何界限像区分有机的和无机的分界线一样划得如此分明，就是说，这是这样两个领域的分界线，一个领域是，其形式是本质的、永恒的，物质则是偶然的、变化的，另一个领域则与这种关系完全相反。

《自然界中的意志》93 页

意志之最低的因而也就是最普遍的表现就是重力，因此它被称为物质之根本的基本力量。

《自然界中的意志》93 页

物理的因果关系是自身无论在何处都一样是可以理解的，即在最高程度上，也是可理解的；因为原因和结果就其质来说没有什么不同，因为就其量而言它们有所不同的地方，例如在杠杆中，纯粹的空间和时间关系就足以使事物明白可解。

《自然界中的意志》97 页

对自然的一般看法认为有两种完全不同的运动原则，因此它假定物体的运动可有两种不同的起源：即或者起源于内部，在这种情况下，它被归因为意志；或者起源于外部，于是它由原因引发。

《自然界中的意志》94 页

在纯粹经验的或后天的方式中为我们所认识的关于事物的一切，其本身就是意志；而就它们是由先天决定的而言，事物只能属于表象，属于纯粹的现象。因此，意志在自然现象中的表现越清楚，即它们所占据的生命等级越高，这样的自然现象相应地就越不容易理解；反之，它们所包含的经验内容越少，它们越是成为可理解的，因为它们越来越停留在纯粹表象的范围内，而为我们先天认识了的表象的形式，就是可知性原则。

《自然界中的意志》95 页

在那不勒斯西南部的波西利波洞穴中，我们越是向里面前进，黑暗就越是浓重；但是一旦我们经过了中部，日光又会在另一头出现并照亮我们的道路；在这里情况也是这样：正是在这样一点上，即由外部指引的具有因果关系形式的理智之光，随着不断增长着的黑暗逐渐变弱，被归结为微弱的、闪烁的微光！

《自然界中的意志》99 页

过去错误的看法是，有意志的地方就没有因果；有因果的地方就没有意志。但我们说：任何一个地方，只要有因果关系，就有意志；没有因果关系，就没有意志的作用。

《自然界中的意志》103 页

三、伦理学

真正能够直接给予伦理学以支持的唯一的形而上学是这样的，它原本就是伦理学的，是用伦理学的材料，即意志构成的。

《自然界中的意志》147 页

所有哲学体系中的乐观主义是与伦理学密切相关的，而伦理学则好像是责无旁贷地满足它们的要求：因为世人愿意听到这是值得称赞的、是卓越的，而哲学家也要讨世人喜欢。

《自然界中的意志》149 页

责任以自由作为其条件，但自由以初始作为其条件，因为我根据我是什么而我欲，因此我肯定根据我欲什么而成为我是。因此意志自身是建立在严肃思想上的任何伦理学的首要条件，当斯宾诺莎这样说时他是对的："凡是仅仅由自身本性的必然性而存在、其行为仅仅由它自身决定的东西叫自由。"

《自然界中的意志》148 页

通过一种直接的和简单的方式，在触及伦理学之前，它就已经达到所有其他的体系设法通过迂回的、总是可疑的僻径来达到的目的，并且把它掌握于手中。

《自然界中的意志》147 页

除了洞察力这个与我们身中的意志相同一的东西之外，确实没有任何其他的途径可以通达这一点，而洞察力就是在自然中把这个可感觉的世界呈现给我们理智的主动和推动的力量。

《自然界中的意志》147 页

四、语言学

在很多甚至所有的语言中，即使那些没有理智的甚至无生命的物体的行为，都是通过意愿这样的词来表达的，由此可见，意志，而从来不是认识、表象、知觉、思维，是事先就被赋予它们的，就我所知，没有表达这些东西的词语。

《自然界中的意志》104 页

从李比希那里来的下面这一段话很明确地远远超出了语言学的意义，因为它表达了一种对于化学过程发生方式的深切感受和理解。"乙醛产生了，同亚硫酸具有同样的亲和力，它直接与氧气结合生成醋酸。"又说："乙醛以极大的亲和力从空气中吸收氧气。"

《自然界中的意志》106 页

一切语言之间在这一点上的一致，也许没有任何例外，证实了在这里我们并不是只与修辞格发生关系，而是语词的表达取决于深深地根植于事物内在本性的一种感受。

《自然界中的意志》106—107 页

即使在汉语，一种完全不同于所有梵语语言的语言中，我们也能找到一个很有力的例子，这就是对《易经》的评论，根据利吉斯长老的精确的翻译，是这样的："阳光，或天空的物质，想重新到达那儿，想重新到更高的地方，因为它的本质的原则，及它内在的法则使它这样做的。"

《自然界中的意志》106 页

五、植物生理学

我现在要提出的关于植物中意志现象的确证，主要源自于法国，出自于一个其倾向性很明显地是经验的这么一个国家，它不愿再直接地被给予的东西之外迈出一步。

《自然界中的意志》71 页

葡萄在植物中带有很明显的意志表现迹象；因为，当发现在周围没有充足的支撑供卷须依附时，它们一律会对准最阴暗的地方生长，或者甚至朝向一张黑纸，无论这张纸放在什么地方；而它们会避开玻璃，因为它发光。

《自然界中的意志》74 页

至于认识或表象，植物所具有的仅仅是与之相似的东西，只是其替代物而已。但植物确实很直接地拥有意志本身；因为，作为自在之物，意志是植物的任何现象的本原。

《自然界中的意志》78 页

用现实主义的观点来看，相应地从客观出发，甚至可以把这一问题陈述如下：植物本性和动物机体中那些生存和运动着的东西，当它在存在的等级上逐步强化自身、达到足以让认识之光直接降临其上的时候，它便在这一新生的意识中作为意志而表现自身，而且在这里比在任何别的地方更加直接，因而更加地被认识。

《自然界中的意志》78 页

现在，在较低等的植物生命和动物机体中植物性的生命范畴内，正是刺激，作为决定这一无所不在的意志具体表现的一种手段，并作为外部世界和这样一种存在的变换之间的中介者；以及最后，在无生命的自然中，正是一般的物理的力量，取代了认识的位子；而当我们就像在这里从高级向低级移动我们的眼光时，刺激和物理的力量这两者都是作为认识的替代物而呈现自身，因此只是认识的类似物。

《自然界中的意志》80 页

就意志而言，这种对自身的意识应归属于所谓的内感觉，因为它是我们所拥有的最初的、最直接的认识。

《自然界中的意志》78—79 页

只有我们自身意志的各种各样的情绪才能成为这一内感官的对象；因为表象本身的过程不能重新被感知，而且至多只能再次在理性反思中被带入到意识中，这是表象的第二种能力，即抽象能力。

《自然界中的意志》79 页

没有表象能力的存在，譬如说植物，被称作为是无意识的，从而我们认为这种状态仅仅跟非存在稍有区别而已；因为这类存在物仅仅存在于其他存在物的意识中，作为后者的表象。

《自然界中的意志》79 页

认识对于动物和人作为动机的中介者所起的作用，对于植物来说就是刺激的感受性，对于各类无生命物体来说则是对各种原因的感受性：而且严格地说，所有这一切只是在程度上有所不同而已。

《自然界中的意志》81 页

现在，作为表象的世界在这个狭窄的界线上翱翔——就是说，整个有形的世界，在空间和时间中伸展，这样的世界只能存在于大脑之中，跟正在进行的梦境并无多大的区别。

《自然界中的意志》81 页

在自身中，意志是没有领悟的，在无生命和植物王国也是如此。这正如一个有太阳却没有反射其光辉的植物体的世界，仍然处于黑暗之中；或者好像是只有琴弦的振动，却没有空气甚至某类传声结构，这种振动永远也不会变为声音；同样，只有通过认识的进入，意志才意识到其自身。

《自然界中的意志》78 页

动物生命在哪里停止，我们据资深的经验对其本质相当熟悉的真正的认识就消失了；从今以后，类推法就成了我们理解外部世界的影响和生命体运动之间的中介的唯一方法。另一方面，意志，我们是把它作为每一个存在着的事物的基础和核心来认识的，无论何时何地它都保持同一。

《自然界中的意志》79—80 页

确切地讲，不能说植物能感知到光线和太阳；然而我们看到它们在各个方面都很敏锐地感受到这两者的在与不在。我们看到它们向日光倾斜和旋转；虽然这种运动无疑总是与它们的成长保持一致，正如月亮的运动也是存在的，成长的方向是由光线决定的且是由光线有秩序地加以调整的，正如一个行动是由一个动机决定的一样，正如爬行和缠绕植物的生长方向是由其偶然发现的支撑物的形状和位置所决定的一样。

《自然界中的意志》80 页

可察觉的动机一旦出现，动物的行为就必然会随之而生，除非受到同样可察觉的相反的动机或受到训练的抵消；然而这里的表象已经与意志行为不同且独立地进入了意识。

《自然界中的意志》88 页

就意志行为只能由刺激引发并且还没有产生表象而言——即在植物中——印象的获取和由这些印象所决定的存在之间没有任何分离。

《自然界中的意志》84 页

在动物理解力最低的这一等级中，诸如我们在放射虫、水母、软体动物等中所发现的，这种区别仍然是很小的；饥饿感，由此引起的警觉，对其猎物的等待和捕获，仍然是构成它们意识的整个内容；然而这时作为表象世界黎明的第一道曙光，其背景——也就是说，除了每次都产生作用的动机之外的所有东西——仍然被穿不透的黑暗所遮盖着。

《自然界中的意志》84 页

这一世界的映象是以这样一种方式，偶然地在动物的理智中，即大脑功能中形成的，其途径是通过达到其目标的手段向目标展示自身和这样一种短暂的事物弄清楚了自己在其行星上的路程，这是一个什么的飞跃啊！

《自然界中的意志》82 页

我们现在明白了，作为表象的世界在有认识的（动物）存在中（在这些存在中第一次出现了动机和意志的行为的明确区分），是在外部的原因（动机）和被引起的结果（意志的行为）之间这条狭窄的线上徘徊。

《自然界中的意志》83 页

我们的客观的观点，把自然界看作是被给定的，认识它们的客观存在以理智的存在为先决条件，而后者又把前者作为表象而包容。就此而言，我们的观点是现实的、有条件的。

《自然界中的意志》83 页

就是说，无生命的自然界是绝对主观的，在其中找不到任何关于外部世界的意识的迹象。石头、巨砾、冰块等物，甚至在落到其他同类物体上面的时候，或相互碰撞或摩擦时，既没有相互的也没有关于外部世界的意识。然而，甚至这些东西也会受到外界的影响，促使它们的位置和运动产生变化，因此这可以被认为是通向意识的第一步。

《自然界中的意志》86 页

明确的感知——即对于其他事物的意识，最先出现在动物生命中，与之相对的则是人类的由对它物的意识而引起的清晰的自我意识。这正好构成动物本性的真实特征，而非植物的本性。

《自然界中的意志》86—87 页

在最低级的动物中，对于外部世界的意识是很有限的、朦胧的：理智的程度每有增加，就能扩大意识的范围并使之更加清晰，理智的这种渐进又使自身逐渐适应动物逐渐增长的需求，这样这一过程在漫长的整个动物系列中由低级向高级发展，最后到达人类，在人类中，对于外部世界的意识到达了顶点，因而这世界在人类中比在任何其他生物中更加清楚和彻底地表现了自己。

《自然界中的意志》87 页

现在，由于直观是一切认识的基础，直观质量的高低是个根本性的区别，它肯定要影响整个思维和洞察力，由此就产生了普通大脑和超级大脑在看待事物上有截然不同的方法，这种区别是随时可见的。

《自然界中的意志》87 页

六、动物磁性说

人们在一切类别的物质性解释原则中探索，诸如梅斯梅尔弥漫一切的以太，或被斯蒂格利茨认为是原因的来自于催眠师外表的发散物，等等。至多，确认有神经精的存在，而这毕竟只是标示不可知事物的一个词。

《自然界中的意志》108 页

根据我的学说，由于生物体只是意志的现象、可见性、客体；而且严格地说来，它就是被看作是大脑中的表象的意志本身：诱导的外在行为自然就跟意志的内在行为保持一致。

《自然界中的意志》109 页

在催眠中，真正的动因就是意志，而且每一个外部行为只是它的媒体，我们发现证实这种说法的事实在所有更为近代和更为可靠的关于磁性说的著作中可以找到，在这里就没有必要重复着加以啰唆。

《自然界中的意志》110 页

这样，假如我们现在看到意志——我称之为自在之物，所有存在中唯一真实的事物，自然的核心——通过人的个体在动物磁性中甚至超出动物磁性，完全根据因果关系，即在自然的正常进程中所不能解释的事情。

《自然界中的意志》112 页

　　所有这一切的真正根据是，在这里意志是作为自在之物在其初始
中起作用；这就要求尽可能排斥作为一个不同范围、作为次于意志的、
第二位的表象。

《自然界中的意志》110 页

第六部分 其他篇

一、幸福

一切满足或人们一般所谓幸福，在原有意义和本质上都只是消极的，无论如何绝不是积极的。这种幸福并不是本来由于它自身就要降临到我们身上来的福泽，而永远必然是一个愿望的满足。

《作为意志和表象的世界》437 页

人的幸福和顺遂仅仅是从愿望到满足，从满足又到愿望的迅速过程，因为缺乏满足就是痛苦，缺乏新的愿望就是空洞的想望、沉闷、无聊。

《作为意志和表象的世界》360 页

人自身所具有的是什么，主要的因素是存在他的幸福中。因为这是一种规则，大部分的人尽一切力量与贫穷奋斗，那是很难获得幸福的。

《人生的智慧》8 页

人自身的福祉，如高贵的天性、精明的头脑、乐观的气质、爽朗的精神、健康完善的体魄，简言之，是幸福的第一要素；所以我们应尽心尽力去促进和保存这类使人生幸福的特质，莫孜孜于外界的功名与利禄。

《人生的智慧》10 页

　　在一切的幸福中，人的健康实胜过任何其他幸福，我们真可以说，一个身体健康的乞丐要比疾病缠身的国王幸福得多。

《人生的智慧》5 页

　　一般人将其一生幸福，寄托于外界事物上，或是财产、地位、爱妻和子女，或是朋友、社会，等等，一旦失去了它们，或是它们令他失望，他的幸福根基也就毁了。

《人生的智慧》25 页

　　要知道幸福是存在于心灵的平和及满足中的。所以要得到幸福就必须合理的限制这种担心别人会怎么说的本能冲动，我们要切除现有分量的五分之四，这样我们才能拔去身体上一根常令我们痛苦的刺。

《人生的智慧》43 页

　　愉快而喜悦的人是幸福的，而他之所以如此，只因其个人的本性就是愉快而喜悦的。这种美好的品格可以弥补因其他一切幸福的丧失所生的缺憾。

《人生的智慧》10 页

　　所需很少，输入愈少的国土愈是富足；所以拥有足够内在财富的人，他对外界的寻求也就很少，甚至一无所求，这种人是何等的幸福啊！

《人生的智慧》18 页

心性不高的人，幸福和快乐的唯一源泉是他的感官嗜好，充其量过一种舒适的家庭生活，与低级的伴侣在一起俗不可耐地消磨时光。

《人生的智慧》4 页

人类因为感到自己的不幸，所以无法忍受别人的幸福。相反地，当他感到幸福时——即使只有短暂的一刹那，立刻洋洋自得起来，恨不得向周围人夸耀：但愿我的喜悦能成为全世界人的幸福。

《爱与生的苦恼》125 页

享乐愈增，相对地对它的感受性就愈减低，积久成习后，更不觉自己身在福中。

《爱与生的苦恼》120 页

现实的世界中，不管能举出多少理由，来证明我们是过得如何的幸福，如何的愉快，但事实上，我们只是在重力的影响下活动而已，战胜了它，才有幸福可言。

《生存空虚说》52 页

我们生存的所谓幸福，是指一般我们所未感觉到的事情，最不能感觉到的事情也就是最幸福的事情。

《爱与生的苦恼》121 页

使我们幸福或不幸福的，并非客观事件，而是那些事件给予我们的影响，和我们对它们的看法。

《人生的智慧》12 页

我们都是在不幸的日子降临，取代往日的生活后，才体会到过去的幸福。

《爱与生的苦恼》120 页

最令人雀跃的大喜悦，通常接续在饱尝最大的痛苦之后。

《爱与生的苦恼》121 页

世界上没有所谓完全幸福的人，一个人最幸福的时刻，就是当他酣睡时，而不幸的人最不幸的时刻，就是在他觉醒的瞬间。

《爱与生的苦恼》125 页

我们想望已久的幸福到来之后，整个说来和持久下去，我们也就不觉得比前此更显著的好受些，舒适些。

《作为意志和表象的世界》433 页

任谁也不幸福，人生只是追求通常想象上的幸福，而且能达到目的绝少，纵能达到也将立刻感到"目的错误"的失望。

《生存空虚说》92 页

我们若要能明确了解幸福原是一种迷惘，最后终归一场空，如此来观察人生万事，才能分明。

《爱与生的苦恼》118 页

快乐经常成为意志否定的障碍，再度诱惑人们走向意志的肯定。

《爱与生的苦恼》43 页

人生的全部根底不适于真正的幸福，它的本质已变形为各色各样的苦恼，人生彻头彻尾是不幸的状态。

《爱与生的苦恼》113—114 页

愉快的精神是获得幸福的要素，健康有助于精神愉快，但要精神愉快仅是身体健康还不够，一个身体健康的人可能终日愁眉苦脸，抑郁不堪。

《人生的智慧》12 页

我们的幸福大半依赖我们的本性是什么，我们的个性是什么，所谓命运一般是指我们有些什么，或者我们的名声如何。

《人生的智慧》4 页

当苏格拉底看到许多奢侈品在贩卖的时候，他不禁说道：这个世界有多少东西是我不需要的啊！

《人生的智慧》5 页

没有别处会像商业阶级里一样，不足为奇地把财富当成家常便饭。

《人生的智慧》34 页

别人是寄存我们真正幸福的最坏之所，也许可能寄存想象的幸福在他身上，但真正的幸福必须存在自己中。

《人生的智慧》74 页

我们要能明确了解幸福原是一种迷惘，最后终归一场空，如此来观察人生万事，才能分明。

《爱与生的苦恼》118 页

"愉快"的本身便是直接的收获——它不是银行里的支票，却是换取幸福的现金；因为它可以使我们立刻获得快乐，是我们人类所能得到的最大幸事，因为就我们的存在对当然来说，我们只不过是介于两个永恒之间极短暂一瞬而已。

《人生的智慧》10—11 页

当愉快的心情敲你的心门时，你就该大大地开放你的心门，让愉快与你同在。因为他的到来总是好的。但人们却常踌躇着不愿自己太快活，唯恐乐极生悲，带来灾祸。

《人生的智慧》10 页

虽然美只是个人的一种优点，与幸福不构成直接的关系，但却间接给予他人一种幸福的印象。

《人生的智慧》14 页

二、欲望

欲望是经久不息的，需求可以至于无穷。

《作为意志和表象的世界》273 页

贪欲是一切恶德的根源。

《人生的智慧》100 页

邪恶并不在意欲中，而是在带有知识的意欲中。

《作为意志和表象的世界》225 页

若是欲望太容易获得满足，欲望的对象一旦被夺而消失，可怕的空虚和苦闷将立刻来袭。换句话说，就是生存本身和他的本质，将成为人类难以负荷的重担。

《爱与生的苦恼》99 页

人类彻头彻尾是欲望和需求的化身，是无数欲求的凝集，人类就这样带着这些欲求，没有借助，并且在困穷缺乏以及对于一切事物都满怀不安的情形下，生存在这个世界上。

《爱与生的苦恼》100 页

一切意欲都是由于需要，因此都是由于缺乏，也都是由于痛苦。某一愿望的满足便能结束这个意欲，然而，对一个已经满足了的愿望来说，至少还有别的愿望没有得到满足。

只要我们意识中充满自己的意志，只要我们沉溺于一堆欲望及其不断的希望和恐惧之中，只要我们是意欲活动的主体，就永远无法得到长久的幸福和平静。

《作为意志和表象的世界》卷 3 第 38 节

一般人只生存于欲望中，无法享受到纯粹智慧的乐趣，无法感受纯粹认识中所具有的喜悦。

《爱与生的苦恼》102 页

在欲求已经获得的对象中，没有一个能够提供持久的，不再衰退的满足，而是这种获得的对象永远只是像丢给乞丐的施舍一样，今天维系了乞丐的生命以便在明天又延长他的痛苦。

《作为意志和表象的世界》273 页

人们已经看清楚，困苦、忧伤并不直接而必然地来自"无所有"，而是因为"欲有所有"而仍"不得有"才产生的，所以，这"欲有所有"才是"无所有"成为困苦而产生伤痛唯一必需的条件。

《作为意志和表象的世界》137 页

我的欲求并不是在全部本质上都可以以动机来说明的，动机只是在时间的某一点上规定这欲求的表出，只是促成我的意志把它自己表出的一个契机。

《作为意志和表象的世界》160 页

无欲是人生最后目的，是的，它是一切美德和神圣性的最内在本质，也是从尘世得到解脱。

《作为意志和表象的世界》220 页

三、哭与笑

任何笑料不是滑稽的一念，就是一个傻里傻气的行动；前者是以诸客体到概念的同一性而显出双方的距离，后者是反其道而行之；前者总是故意的，后者总是无心的并且是由于外因的促使所致。

《作为意志和表象的世界》101—102 页

重听的人也能和傻人一样提供笑料，低能的喜剧作家就用聋子代替傻子使人发笑。

《作为意志和表象的世界》104 页

任何笑的发生，每次都是由于一种似是而非的，从而也是意料之外的概括作用所促成的，而不管这是由语言文字或是由举止动作表示出来的。

《作为意志和表象的世界》101 页

哭是以爱的能力、同情的能力和想象力为前提的；所以容易哭的人既不是心肠硬的人，也不是没有想象力的人。

《作为意志和表象的世界》517 页

人们决不是直接为了感觉到痛而哭，而经常只是为了重现于反省中的痛而哭。

《作为意志和表象的世界》516 页

四、年龄

年龄不同，性格也每每不同；随暴躁不驯的青年时代而来的可以是一个沉着的、有节制的壮年时代。

《作为意志和表象的世界》406 页

少年人仅仅只适于作抒情诗，并且要到成年人才适于写戏剧。至于老年人，最多只能想象他们是史诗作家，因为讲故事适合老年人的性格。

《作为意志和表象的世界》348 页

指导我们选择和爱好的最高原则是"年龄"。

《生存空虚说》126 页

五、勇敢

"勇敢"根本不能算是德行；虽然有时候勇敢是实现德行的工具，可是，也会成为卑鄙的仆人。

《人生的智慧》95 页

个人的勇敢纯属一种从属的德行，比低等动物都不如，我们没有听说过人能像狮子一般的勇敢。

《人生的智慧》66 页

勇敢可以看作一种准备克服目前具威胁性的不幸，以期避免未来的更大不幸；而怯懦所表现的，正好与此相反。

《人生的智慧》96 页

六、健康

没有适度的日常运动，便不可能永远健康，生命过程便是依赖体内各种器官的不停操作，操作的结果不仅影响到有关身体各部门也影响了全身。

《人生的智慧》11 页

当两人见面时，我们首先便问候对方的健康情形，相互祝福身体康泰，原来健康是成就人类幸福最重要的成分。

《人生的智慧》12 页

只有最愚昧的人才会为了其他的幸福牺牲健康，不管其他的幸福是功、名、利、禄、学识，还是过眼烟云似的感官享受，世间没有任何事物比健康还来得幸福。

《人生的智慧》12 页

能够促进愉快心情的不是财富，却是健康。我们不是常在下层阶级——劳动阶级，特别是工作在野外的人们脸上找到愉快满足的表情吗？而那些富有的上层阶级人士不常是忧容满面，满怀苦恼与忧愁吗？

《人生的智慧》11 页

有了健康，每件事都是令人快乐的；失掉健康，就失掉了快乐；即使其他的人具有如何伟大的心灵、快活乐观的气质，也会因健康的丧失黯然失色，甚至变质。

《人生的智慧》12 页

七、权与法

法律的唯一目的是吓住人不要侵犯别人的权利，因为只是为了每人都有保障而无须承受非义，人们才结集为国家，才放弃施行非义而承担维护国家的重责。

《作为意志和表象的世界》476 页

综观人类的行为，大抵不外不正、极端的不公平、冷酷，甚至残忍，纵有与之相反的例外，也仅是偶然发生而已。基于此，才有国家和立法需要。

《爱与生的苦恼》124 页

法律是责罚破坏和平之人，这种人既已破坏了人际的平和关系，已不得再享有"公民之荣誉"，而须身为楚囚了。

《人生的智慧》50 页

真要建立一个完善的国家，人们必须从创造一些人物着手，这些人的天性根本就能让他们为了公共的福利而彻底牺牲自己的福利。

《作为意志和表象的世界》471 页

八、时间

我可以把时间比作一个永远转动着的圆圈：那不断下沉的半边好比是过去，不断上升的半边好比是将来；而正上面那不可分割的一点亦即水平切线和圆周接触之处就好比是无广延的现在。

《作为意志和表象的世界》383 页

一次以至无数次，我始终是现在这东西的主人翁，它将和我的影子一样永远伴随着我；因此，我不惊疑它究竟从何而来，何以它恰好又在现在。

《作为意志和表象的世界》383 页

"时"和"处"的理想性，实是开启一切真正形而上学秘库的钥匙。因为，有了这理想性，才可以制造和事物的自然秩序完全相异的秩序。

《生存空虚说》90 页

"时"以它的力量，使所有的东西在我们的手中，化为乌有，万物为此而丧失了真价值。

《生存空虚说》89 页

在"时"与"时"之中，或是由于"时"而发生的万物的转变，只不过是形式而已，在此形式之下，恒久不灭的"生存的意志"所表示的是，一切的努力都归于空零。

《生存空虚说》89 页

放眼世界，任何时刻，任何地点所目睹的景象，不外是人类面对一切威胁的危险和灾殃，为维护自己的生命和存在，鼓起肉体和精神的全力，而不绝地战斗，猛烈地力争。

《生存空虚说》98—99 页

人生的性质有如显微镜，是不可分割的一个点，由"时"和"处"两个强烈透光镜的引申，然后显著地扩大而映入我们的眼帘。

《生存空虚说》97 页

"时"是我们头脑中的一种装置，由于所谓"持续"的作用，在物体和我们全然空虚的存在中，赋予现实的外观。

《生存空虚说》97 页

"时"的形式，不论它的打算如何，实际上不外是教示我们"一切人间的享乐都是空虚"。

《生存空虚说》97 页

"现在"尽管是如何的稀松平常，也总优于过去的最高价值，因为前者是现实的，两者之间的关系，如同"有"之对于"无"。

《生存空虚说》90 页

平常人仅思如何去"消磨"时光，有才华的人却"利用"时光。

《人生的智慧》17 页

只有人类才有"现在"、"过去"、"未来"的意识，然而也仅止于概念而已，在根本上，他们还不了解它的真义为何。

《爱与生的苦恼》145 页

永恒性是不以任何直观为基础的概念，它意味着超越时间的生存。

《人生的智慧》170 页

求生的意志表现在无限的现在中，因为"无限的现在"乃是种族生命的形式。

《人生的智慧》166 页

时间好比是不可阻遏的川流，而现在却好比是水流遇之而分的礁石，但水流不能挟之一同前进。

《作为意志和表象的世界》383 页

九、杂谈

善人生活在一个现象互相亲善的世界里，每一现象的安乐都是他自己的快乐。

《作为意志和表象的世界》513 页

人们的生活像一些低级商品一样，外表上都敷有一层虚假的光彩。凡是痛苦总是掩饰起来的，相反，一切冠冕堂皇有光彩的东西就都要拿出来炫耀。

《作为意志和表象的世界》410 页

我们苦乐的原因所在大半不是实际的"现在"，而是抽象的思虑。这思虑才是常使我们难于忍受的东西，才是给我们制造烦恼的东西。

《作为意志和表象的世界》410 页

在当面交谈中最容易伪装；听起来虽是如此矛盾，可是在书信中伪装究竟又要困难些。

《作为意志和表象的世界》343 页

一个为情欲或是为贫困和忧虑所折磨的人，只要放怀一览大自然，也会这样突然地重新获得力量，又鼓舞起来而挺直了脊梁。

《作为意志和表象的世界》275—276 页

即令是最好的教养也绝无损于他的独创性。

《作为意志和表象的世界》327 页

每一个人都是由于他的意志而是他，而他的性格也是最原始的，因为欲求是他的本质的基地。

《作为意志和表象的世界》401 页

动机并不决定人的性格，而只决定这性格的显现，也就是决定行动，只决定生命过程的外在形象，而不决定其内在的意义和内蕴。

《作为意志和表象的世界》201 页

将来的贫乏和不幸是浪费者换取空虚、短暂以及仅为想象中逸乐的代价。

《人生的智慧》98 页

我们不必再赘言以杰出功勋荣获爵位，因为爵位本该为杰出成就才颁发。

《人生的智慧》48 页

一个性格不好的人把所有的快乐都看成不快乐，好比美酒到充满胆汁的口中也会变苦一样。

《人生的智慧》9 页

食物是好的，但只有饥饿时才是好的。

《人生的智慧》33 页

我认为乐观主义者的空谈，不但不切合实际，而且是卑劣的见解，他们的乐观无异在对人类难以名状的苦恼做讥刺的嘲弄。

《爱与生的苦恼》117 页

看别人的榜样而予以妥善的应用，然后我们才能也有类似的优点。

《生存空虚说》57 页

酒是一个人的智力测验，一个酒量大的人，决不会是个傻瓜。

《生存空虚说》236 页

不能认识和欣赏世上所存在的美善原因，除了智能不足外，便是人性卑劣的一面在从中作梗，这便是种卑劣的人性。

《人生的智慧》72 页

每个人身上所具有的，首先是强烈的自我中心主义，这种自我中心主义以最大的自由突破公理和正义的约束，像日常生活中小规模表示的以及历史上各时期大规模表示的一样。

《人生的智慧》105 页

对一个乐观的人来说，某种情景只不过是一种令人可笑的冲突，忧郁的人却把它当作悲剧，但在恬淡的人看来又毫无意义。

《人生的智慧》2 页

人的合群性大概和他知识的贫乏，以及俗气成正比。因为在这个世界上，人只有独居和附俗两种选择。

《人生的智慧》16 页

即使最好的性格，不，即使最高尚的性格，有时候，也会因隔离的堕落腐败的特性而使我们感到吃惊，好像它和人类是密切相关似的。

《人生的智慧》101 页

在生活的紧急关头，需要当机立断，敢作敢为，需要迅速和坚定地对付事故时，虽然理性也是必要的，但是，如果理论占了上风，那反而要以心情迷乱妨碍直觉的、直接的、纯悟性的洞见和正确地掌握对策，从而引起优柔寡断，那就会很容易把全局弄糟。

《作为意志和表象的世界》199 页

有的民族虽然不时改变它的名称，但仍以不灭的个体延续着，不仅如此，历史虽然经常叙说不同的故事，但通常它的行动和苦恼则是相同的。

《爱与生的苦恼》165 页

具有享受无穷尽快乐之天赋的人，他们过着两种生活——私人生活和睿智生活。睿智生活渐渐成为他的真正生活，私人生活仅是达到睿智生活的手段而已。

《人生的智慧》24 页

回忆我们克服了的窘困、疾病、缺陷等等使我们愉快，因为这是享受眼前美好光景的唯一手段。

《作为意志和表象的世界》438 页

乐天主义论者认为我们应该感谢上苍的特别青睐，因为我们的生存有明敏的智慧来引导，这是最值得我们自豪和引以为荣的地方。

《爱与生的苦恼》143 页

意志之否定的本质不在于人们对痛苦深恶痛绝，而是在于对生活的享乐深恶痛绝。

《作为意志和表象的世界》546 页

直观是一切真理的源泉，是一切科学的基础；它那纯粹的、先验的部分是数学的基础，它那后验的部分是一切其他科学的基础。

《作为意志和表象的世界》107 页

所有深刻的认识，不，连本来的知识亦同，它们的根本是在直观的理解中。

《生存空虚说》159 页

如果我们的直观一直都是附着在实际事物上的话，那么直观的材料应是完全站在偶然的支配下。

《生存空虚说》159 页

"偶然"绝不可能适时地产生事物，也很少能适当地排列事物，大抵它只是给我们提示一点有很多缺陷的样品。

《生存空虚说》159 页

即使是一个最熟练的逻辑学家，当他发现他在个别情况下作出的结论和规则所说的有出入时，他总是宁可先在规则上，然后在他实际作出的结论中去找差错。

《作为意志和表象的世界》83 页

从原因和动机所发生的一切，都只有一个相对的实际存在，只是由于，只是对于一个别的什么，和它自身同样也只是如此存在着的一个什么，而有其存在。

《作为意志和表象的世界》32 页

不论任何个体，都只有短暂的青春，但种族却永远显得年轻，永远新鲜，令你觉得世界宛如在今天才形成似的。

《爱与生的苦恼》168 页

以为最经常的、最普遍的和最简单的那些现象就是我们最能理解的现象，这种说法是一个既巨大而又流行的错误；因为这些现象不过是我们最常见的，我们对于这些现象虽然无知，但已习以为常而不再求理解了。

《作为意志和表象的世界》184 页

概念和直观表象虽有根本的区别，但前者对后者又有一种必然的联系；没有这种关系，概念就什么也不是了。从而这种关系就构成概念的全部本质和实际存在。

《作为意志和表象的世界》76 页

物质的存在就是它的作用，说物质还有其他的存在，那是要这么想象也不可能的。

《作为意志和表象的世界》33 页

人们少有用逻辑来否定一个错误推论的，同样也少有借助于逻辑规则来作出一个正确推论的。即使是最渊博的逻辑学家本人，当他在进行真正的思维时，他也完全把逻辑丢在一边了。

《作为意志和表象的世界》82 页

只有经过多次经验的证实，才能使假设所依据的归纳法有那么近于完备的程度，以至这种完备的程度在实践上就可以代替准确性。

《作为意志和表象的世界》125 页

个体的年龄如愈适合生殖，则他的自然治愈力愈强，创伤和疾病较易康复，这种治愈力随着生殖力的衰弱而减退；生殖力消失后，则极微弱。

《爱与生的苦恼》172 页